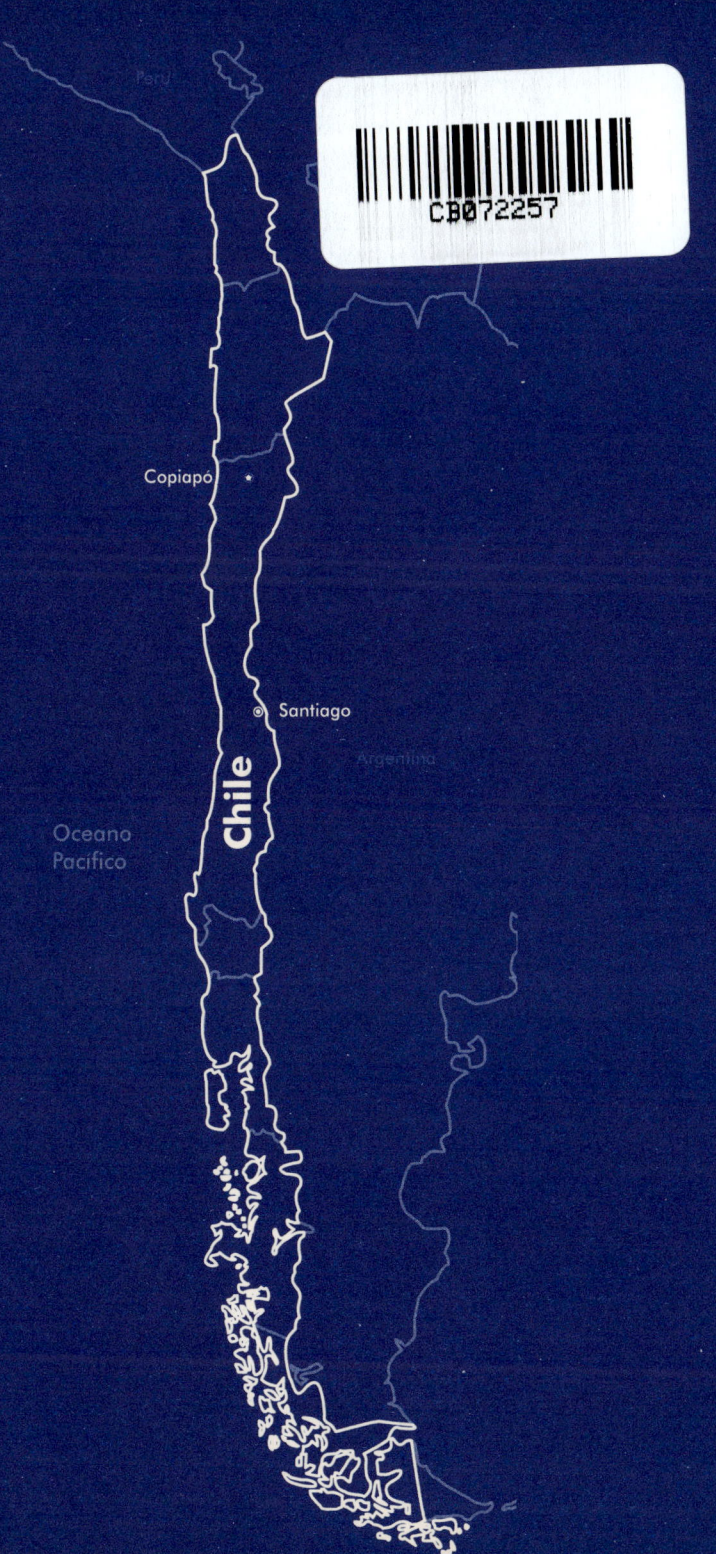

OUTROS TÍTULOS DESTA SÉRIE

COM VISTA PARA O KREMLIN – VIVIAN OSWALD

HAITI, DEPOIS DO INFERNO – RODRIGO ALVAREZ

O IRÃ SOB O CHADOR – ADRIANA CARRANCA E MARCIA CAMARGOS

PAQUISTÃO, VIAGEM À TERRA DOS PUROS – FERNANDO SCHELLER

Sobre as obras que compõem esta série

Esta série de livros oferece ao leitor local a possibilidade de descobrir culturas pouco conhecidas a partir de narrativas de escritores e jornalistas brasileiros. São relatos escritos no fio tênue que corre entre a objetividade da descrição jornalística e a abordagem personalista, baseada na intensa troca de experiências com o desconhecido. Buscando vieses despercebidos, atacando os estereótipos com que percebemos os que não nos são próximos, estes livros surgem com o intuito de informar e surpreender. Afinal, do mesmo modo que nós como nação somos vistos pelas lentes do equívoco, essas culturas, complexas o bastante para não caberem em resumos rasteiros, tendem a ser tratadas a partir de uma miríade de lugares-comuns. Contornar essas práticas com o cuidado e o respeito que só o viajante atento e sensível possui constitui-se como projeto principal desta proposta editorial.

Ótima leitura!

Os editores

Rodrigo Carvalho

Vivos embaixo da terra

o testemunho de um repórter no resgate
histórico dos 33 mineiros no Chile

Copyright © 2011 by Editora Globo S.A. para a presente edição
Copyright © 2011 by Rodrigo Carvalho

Todos os direitos reservados. Nenhuma parte desta edição pode ser utilizada ou reproduzida — em qualquer meio ou forma, seja mecânico ou eletrônico, fotocópia, gravação etc. — nem apropriada ou estocada em sistema de bancos de dados, sem a expressa autorização da editora.

Texto fixado conforme as regras do novo Acordo Ortográfico da Língua Portuguesa (Decreto Legislativo nº 54, de 1995).

Revisão: Laila Guilherme dos Santos / Josie Rogero
Paginação e capa: Vanessa Sawada
Tratamento de imagens: Paula Korosue
Ilustrações: José Carlos Chicuta
Foto de capa: HO/Reuters/Latinstock
Foto de orelha: arquivo pessoal do autor
Fotos de miolo: 1: © Hector Retamal/AFP; 2, 4, 6, 8, 9, 10, 11 e 13: Alvaro Andrade; 3, 5, 18, 19, 20, 21 e 22: Rodrigo Carvalho; 7: Julio Aguiar; 12: © Stringer/AFP; 14, 15, 16, 17 e 23: arquivo pessoal do autor; 24: © Jose Manuel de la Maza/AP Photo

1ª edição, 2011

Dados Internacionais da Catalogação na Publicação (CIP)
(Câmara Brasileira do Livro, SP, Brasil)

Carvalho, Rodrigo
    Vivos embaixo da terra : o testemunho de um repórter no resgate histórico dos 33 mineiros no Chile / Rodrigo Carvalho. -- São Paulo : Globo, 2011.

    ISBN 978-85-250-5022-9

    1. Chile - Descrição 2. Minas e mineração - Trabalhadores - Chile 3. Mineiros - Chile - História 4. Operação de resgate - Chile 5. Repórteres e reportagens 6. Soterramentos 7. Tragédia I. Título.

11-09382   CDD-070.449983

Índices para catálogo sistemático:
1. Chile : Reportagens : Jornalismo 070.449983
2. Reportagens : Chile : Jornalismo 070.449983

Direitos de edição em língua portuguesa para o Brasil adquiridos por Editora Globo S.A.
Av. Jaguaré, 1485 – 05346-902 – São Paulo – SP
www.globolivros.com.br

Para meus pais, Angela e Carlos

Sumário

Prefácio, *por Filipe Barini* 11

1. A cidade dos mineiros...13
2. A caminho da cobertura..23
3. Acampamento Esperança..35
4. A vida dentro da mina 51
5. O parto da montanha 61
6. Trinta e três... 89
7. Nos corredores do hospital..91
8. Mineiros do mundo.. 97
9. Entrevista com o mineiro Edison Peña 103

Agradecimentos...111

Prefácio

Poucas coisas na vida de um jornalista são tão gratificantes quanto uma boa e ampla cobertura. O foco em um só assunto por dias a fio — algo raro para profissionais de hoje, ainda mais na televisão —, o constante destrinchar de detalhes e a expectativa por novos e reveladores fatos são um banquete para qualquer um que sinta prazer em escrever algumas linhas e em levar informação ao público.

Gratificante, porém trabalhoso.

São horas, dias, semanas de pesquisas, planejamento, produção e preparação de textos, imagens, viagens das equipes, entrevistas, enfim, um senhor *checklist* a ser seguido. Mas de nada adiantaria todo esse trabalho se não fosse a competência dos profissionais envolvidos. E, na cobertura do resgate dos 33 mineiros no Chile, essa competência fez toda a diferença.

Na linha de frente, estava um dos novos talentos da Globo News: Rodrigo Carvalho. Antes de se embrenhar pelo Deserto do Atacama, o "garoto", que estava na reportagem havia pouquíssimo tempo, viveria o seu batismo de fogo nas primeiras horas de 2010. Depois de fazer a cobertura da festa de Réveillon em Copacabana, Rodrigo foi mandado para Angra dos Reis, na Costa

Verde do Rio de Janeiro, para cobrir a tragédia causada pela chuva e pelos deslizamentos.

Três meses depois, ele seguia para outro cenário trágico: o Morro do Bumba, em sua cidade natal, Niterói, onde quase cinquenta pessoas foram soterradas depois de um forte temporal. Dois episódios e coberturas fortes, duras, mas que foram conduzidas como se Rodrigo fosse um profissional já com algumas décadas de experiência nas costas.

Ao longo do tumultuado ano de 2010, nosso companheiro foi confirmando a competência e a capacidade de se tornar um dos principais repórteres da casa — e, em outubro, foi colocado diante daquele que seria, até então, o maior desafio de sua carreira: a primeira cobertura internacional. E que cobertura: o resgate de 33 trabalhadores presos em uma mina no norte do Chile, a cerca de setecentos metros de profundidade — uma operação que desafiava limites e, claro, atraía as atenções de todo o planeta.

Vivos embaixo da terra traz os bastidores de uma das maiores coberturas da história da Globo News. Foram algumas dezenas de horas ao vivo, transmitindo o resgate de cada um dos 33 mineiros, assim como o caminho de volta dos homens que se arriscaram para garantir a segurança da operação, lá no fundo da mina. Mas, acima de tudo, este livro mostra um lado pouco lembrado do jornalista: o lado humano. Ao retornar ao cenário do resgate, no deserto mais seco do planeta, Rodrigo foi tentar "entender" de fato a história, o que ela significou para a população local, além de também buscar compreender o que significou para ele, como repórter, testemunhar um dos fatos mais marcantes da década.

FILIPE BARINI
*Coordenador da Editoria
Internacional da Globo News*

A cidade dos mineiros
25 DE NOVEMBRO DE 2010

São 14h, e o calor no Deserto do Atacama é infernal. Quarenta e quatro dias depois do resgate histórico dos 33 mineiros, estou de volta à estradinha de terra que liga a principal rodovia do norte do Chile à agora famosa mina San José. A secura na boca, as pedras que pulam do chão feito baratas sem plano de voo e estalam no para-brisa do carro, a paisagem cinematográfica para onde quer que se olhe, tudo lembra os sete dias que passei a trabalho na região.

Estou sozinho, de férias, no meio do nada, numa daquelas viagens que só a gente entende.

Depois de ver de perto, na madrugada gelada do dia 13 de outubro de 2010, o maior resgate da história da mineração, foi inevitável incluir no roteiro do mochilão pela América do Sul um ou dois dias em Copiapó. A cidadezinha de nome engraçado, com pouco mais de 120 mil habitantes e a oitocentos quilômetros da capital Santiago, jamais ficaria mundialmente conhecida se dependesse da sua beleza. Mas é, agora, uma cidade genuinamente bem-humorada, que aprendeu a não duvidar de mais nada. Nem de que um dia poderá se tornar um dos principais destinos turísticos do Chile. Num singelo apelo publicitário, já se intitula até de "a cidade dos mineiros".

Saí do povoado de São Pedro de Atacama no início da noite de ontem e, depois de doze horas viajando de ônibus, cheguei a Copiapó por volta das 6h. Já é o 22º dia de viagem e, antes de encarar a estrada de terra rumo à mina San José, faço questão de revisitar a Praça Prat, antiga Praça de Armas da cidade.

Lembro perfeitamente das centenas de chilenos que, horas antes do resgate, pouco a pouco se aglomeravam na pracinha. Ambulantes vendiam, a cada esquina, cornetas e bandeiras do Chile com fotos dos 33 mineiros que, se tudo desse certo, sairiam do buraco naquela noite. A trilha sonora era um buzinaço desses de Copa do Mundo. Um telão já estava montado para que os moradores acompanhassem, ao vivo, toda a transmissão do resgate. Muitas pessoas haviam sido liberadas mais cedo do trabalho naquela tarde de terça-feira e disputavam um espaço para acompanhar o momento histórico.

Agora, às 6h30 de uma manhã qualquer, há apenas um gari, um vira-lata e eu na Praça Prat. Coloco minha mochila no banco e começamos a conversar: o gari e eu. Carlos me conta que acompanhou os resgates dos primeiros mineiros em casa, com a família. Vidrado com o que via pela TV naquela madrugada, acabou não descansando direito e, logo cedo, teve que ir para a praça trabalhar. Entre uma varrida e outra, assistiu pelo telão aos resgates que se sucederam ao longo de quarta-feira. "Aquilo foi um milagre de Deus, meu amigo", diz o gari.

Nenhum dos mineiros que continuaram morando em Copiapó depois do resgate — muitos, com o dinheiro que a fama proporciona, se mudaram para a capital Santiago — está na cidade nestes últimos dias. As novas celebridades mundiais viajaram para os Estados Unidos para receber a homenagem do programa especial de fim de ano da rede de TV norte-americana CNN. Os 33 mineiros e cinco integrantes da equipe de resgate foram a grande atração do tradicionalíssimo CNN *Heroes: an all-star tribute*, que elege os heróis do ano. O programa foi gravado em Los Angeles e transmitido para os Estados Unidos no feriado de Ação de Graças.

A essa altura, os mineiros já são cidadãos do mundo. "Mas o Chile é a terra deles, meu amigo. Uma hora eles voltam", garante o gari, resignado.

Despeço-me de Carlos e vou tomar café na primeira padaria que vejo aberta. Depois, no banheiro, enquanto escovo os dentes pensando em sabe-se lá o quê, bato o olho no número 33 escrito na porta. É a frase: "Se Deus teve amor para dar uma nova oportunidade aos 33 homens, você também terá a sua". Amém.

Uma frase como essa escrita num banheiro chinfrim de Copiapó — provavelmente por um chileno católico em momento de reflexão — é um simples e ótimo exemplo de como o resgate dos "33 homens" foi marcante para a história da cidade. Há referências e reverências aos mineiros por toda parte.

Passada a catarse na pracinha, chega a hora de alugar um carro para fazer o que me trouxe de novo até aqui: voltar ao lugar onde as famílias ficaram 69 dias esperando pelo resgate, o Acampamento Esperança.

São trinta minutos na rodovia principal da região até a estrada de terra que leva à mina. Não há placas do tipo: MINA SAN JOSÉ — 5 QUILÔMETROS. Estamos falando de um local completamente isolado, de uma mina de pequeno porte que, como tantas outras, sempre foi esquecida pelo poder público. Mas falaremos sobre isso mais adiante.

A referência para chegar à mina San José é um posto de gasolina perto da entrada do povoado de Caldera. Na época do resgate, a minúscula loja de conveniência do posto virou o supermercado local. O repórter cinematográfico Julio Aguiar e eu sempre parávamos ali para comprar o estoque de água e biscoito que seria necessário para o dia de trabalho. Mas só devo ter entrado na loja duas ou três vezes. Nas outras ocasiões, era Julinho quem escolhia e comprava os quitutes enquanto eu abastecia o carro.

Pois foi nessa minha volta ao Chile que conheci direito a lojinha e principalmente seus funcionários, com destaque absoluto para a simpática vendedora Cláudia Alvarado. "Sinto falta daquela época do resgate, sabia?", diz ela ao saber que sou jornalista. Logo depois, justifica a tal saudade. "Lucrávamos, em média, 1,2 milhão de pesos chilenos por dia" [algo em torno de 2.400 dólares]. Em um dia normal, a loja fatura quatro vezes menos. "Queremos mais 33 presos na mina!", brinca Cristian Fuentes, gerente da loja.

A loja existe há oito anos e, na época do resgate, teve uma clientela atípica e extensa: jornalistas, integrantes da equipe de salvamento, parentes de mineiros e até ministros, como o da Mineração, Laurence Golborne.

"Era ótimo porque eu ficava bem informada", lembra a vendedora.

O lugar é limpo e tem duas coisas que valem muito num deserto: água e ar-condicionado. Talvez por isso tenha se tornado a redação de centenas de jornalistas, principalmente os de mídia impressa. Repórteres vinham para cá finalizar seus textos, e fotógrafos, tratar suas imagens.

Cláudia conta que amava conversar com os jornalistas que passavam por aqui. "Peguei até autógrafo do repórter de uma TV chilena. Meu marido que não gostou muito e, até hoje, muda de canal sempre que o bonitão aparece", diz a vendedora com um sorriso que o marido, certamente, não gostaria de ver.

"E o que vocês mais venderam durante aqueles dias de tanto movimento?", pergunto. "Café e cigarro. Parece até que você não conhece jornalista", responde.

Quando peço para a vendedora contar outras lembranças que guarda da convivência com pessoas do mundo inteiro, Cláudia me tira da bolsa umas cinquenta moedas estrangeiras e as joga, uma por uma, no balcão. "Quando comecei a ver gente de tantos lugares diferentes, decidi começar essa coleção. Foi uma maneira de eu ter uma recordação daquele momento e de ter o que mostrar um dia ao meu neto para provar que estive perto dos 33 heróis chilenos."

O papo e o sanduíche estão ótimos, mas tenho que ir.

No começo da estradinha que leva à mina San José não há mais policiais fazendo perguntas a quem entra e a quem sai. Muito menos ambulâncias para lá e para cá simulando a possível ida de um mineiro recém-resgatado para o Hospital de Copiapó. O caminho está livre e silencioso. A viagem, que antes demorava quase meia hora por conta do raríssimo trânsito pesado no deserto, agora não dura mais que quinze minutos. E isso andando devagar, para evitar acidentes como o que ocorreu com nossa equipe no terceiro dia de trabalho na região: entre as muitas pedrinhas que a todo instante pipocavam no nosso para-brisa, veio uma um pouco maior; passamos o restante da viagem com o vidro do carro levemente estilhaçado, percalço inerente a uma cobertura como essa.

Agora, não houve prejuízo.

A curta viagem passa ainda mais depressa pelo fato de eu ficar — o tempo inteiro — imaginando o que encontraria pela frente quando voltasse ao Acampamento Esperança.

Na madrugada do dia 13 de outubro, minutos após o resgate do topógrafo Luis Urzúa, chefe de turno e último trabalhador a sair da mina, o jornalista André Trigueiro me perguntou, ao vivo, no *Jornal das Dez*: "Rodrigo, já deu para saber por aí se esse lugar, depois do resgate, vai se transformar em roteiro turístico, em santuário, ou seja, em algo diferente de uma mina desativada?".

Àquela altura, sem dúvida, os arredores da mina San José já haviam se tornado um lugar importantíssimo para a história do Chile, um símbolo de um país de maioria católica que testemunhou um desfecho definido por muitos como um milagre. Mas qual seria, então, a cara daquele lugar depois que o interesse jornalístico se voltasse para outro canto do mundo? Esse era, já naquele momento, um ótimo exercício de imaginação, ainda que ninguém fizesse a mínima ideia de que maneira o local seria aproveitado pelo governo chileno — e se seria aproveitado.

Levado por um entusiasmo juvenil — naturalmente provocado por tudo o que acabara de ver —, respondi, na entrada ao vivo, que já estava com uma viagem pela América do Sul programada para o mês seguinte e que passaria pelo Deserto do Atacama para ver se o local voltaria ou não a ser mais um vazio no deserto.

Um mês e meio depois do resgate que marcou minha vida profissional e pessoal, estou de volta ao Acampamento Esperança. E o que vejo à minha frente é um museu a céu aberto que, sinceramente, emociona demais.

As mensagens que as famílias escreveram para os mineiros durante a vigília no acampamento continuam cravadas nas centenas de pedras espalhadas pelo deserto. Todas no mesmo lugar.

"Jimmito, força! Te amamos. Sua família te espera!", diz o recado dos pais de Jimmy Sanchez, de dezenove anos, o mais novo entre os mineiros. Ao lado, outra mensagem da família. "O que se passa nesse lugar é um milagre. Essa obra vai acabar logo. Fé e esperança!"

Os fogareiros improvisados com outras tantas pedras amontoadas ainda guardam cinzas e restos de comida em volta. É como se as famílias e todas as suas expectativas ainda estivessem aqui, acampadas, esperando o tempo que fosse preciso para o resgate acontecer.

Eu não duvido: estariam aqui até hoje.

Continuo andando e, num silêncio que só um lugar como esse proporciona, lembro — com toda a pieguice — dos sons do Acampamento Esperança na época do resgate. Era uma mistura de reza e canto que vinha das barracas com o burburinho de jornalistas de várias partes do mundo e o ininterrupto barulho de máquinas ao fundo. Tudo em perfeita desarmonia, dando ao lugar um clima ainda mais incrível.

Agora, só se ouve o vento.

Enquanto escrevo, noto que não estou sozinho. Um homem sonolento sai da cabine de polícia que parecia vazia com o quepe e o caminhar completamente tortos e um olhar oriental provocado pelo sol forte que bate na cara. Depois de se espreguiçar, o cabo Robinson Peralta se apresenta e diz que faz a segurança do local todos os dias, das 8h às 19h. Depois, outro policial chega para assumir o turno da madrugada. A mina San José está desativada, mas como ainda é um local privado há segurança 24 horas por dia.

Se todo museu que se preza tem um guia turístico, o lugar que já foi o acampamento mais famoso do mundo também tem o seu. O problema é que o cabo Peralta, que há dezesseis anos presta serviço para a polícia chilena, não conhece absolutamente nada do acervo do local.

"Infelizmente não fui escalado para fazer a segurança do acampamento na época do resgate, mas hoje tenho essa honra", diz. "Naquela noite mágica, eu estava de plantão numa cabine da polícia lá em Copiapó. Foi a noite mais tranquila do ano. Nem os ladrões trabalharam", brinca.

"Estar aqui hoje desperta a curiosidade da família e dos amigos, que querem saber como está o acampamento e até se, quem sabe, algum mineiro não foi esquecido lá dentro."

Peralta conta que o local recebe, em média, cinquenta turistas por semana. Gente que, de alguma forma, descobre o caminho e chega aqui perguntando de tudo para o guia desinformado. "Até procurei estudar um pouco o acampamento, mas é difícil saber detalhes. Faço alguma ideia, por exemplo, de onde ficavam as barracas das famílias e os contêineres dos jornalistas. Só com essas informações os turistas já ficam impressionados. Já veio gente de países como Espanha, Japão, Canadá e Estados Unidos."

Damos uma volta, e vou ajudando o policial chileno a construir um mapa do museu em sua mente. Até que o telefone da cabine toca, e o cabo Peralta precisa voltar ao trabalho. "Fique à vontade, brasileiro. Qualquer coisa é só me chamar."

O fato de o policial não ter visto o Acampamento Esperança lotado, pulsante, com uma inesquecível miscelânea de sentimentos, tornou minha viagem mais solitária. Fiquei ali por duas ou três horas tirando fotos, escrevendo, lembrando de cada detalhe, de cada imagem. Das famílias preparando alguma coisa para comer enquanto o almoço do refeitório não ficava pronto, das crianças mais novas brincando como se estivessem numa colônia de férias, das mulheres dos mineiros, todas superproduzidas, maquiadas, esperando o sonhado reencontro com a ansiedade de um primeiro encontro.

Minha viagem continua por mais alguns minutos. Até que o policial volta, olha para mim, olha para a frente e fica em silêncio. Provavelmente acha graça em ver o marmanjo brasileiro com os olhos cheios d'água, embasbacado com um amontoado de pedras no meio do deserto.

Uma viagem daquelas que — não tem jeito — só a gente entende.

A CAMINHO DA COBERTURA

Na noite de 7 de outubro de 2010, uma quinta-feira, eu cobria pela Globo News mais uma visita do presidente Lula ao Rio de Janeiro. Toda a imprensa já tinha visto aquela cena inúmeras vezes nos anos anteriores: Lula estava, de novo, na Petrobras. E, de novo, ao lado da ex-ministra e então candidata à presidência, Dilma Rousseff. O discurso inflamado e em tom de despedida, num palanque abarrotado de "autoridades", terminou. As atenções, então, voltaram-se para uma entrevista coletiva do presidente da Petrobras sobre o bilionário processo de capitalização da estatal.

Até que, por volta das 21h, em meio à correria para que desse tempo de a reportagem ir ao ar no *Jornal das Dez*, recebi uma ligação da jornalista Renée Castelo Branco, editora-chefe do programa *Sem Fronteiras*.

— Alô, Rodrigo...? Aqui é a Renée, do *Sem Fronteiras*, tudo bem?

— Tudo ótimo, Renée, e você?

— Tudo bem também... Tô ligando pra conversar sobre o programa que você vai fazer no Chile.

— Oi!?

— É... Você não viaja amanhã de manhã para cobrir o resgate dos mineiros?

Minha primeira cobertura internacional foi confirmada minutos depois pela chefe de redação, Angela Lindenberg.

Estava decidido: no dia seguinte, eu e o repórter cinematográfico Julio Aguiar iríamos para o Deserto do Atacama, no Chile, ver de perto aquela história que beirava o inacreditável e que, até então, acompanhávamos só pela TV e pelos jornais.

O então diretor da Globo News, César Seabra, me passou as missões da nossa cobertura no Chile: fechar uma matéria por dia para o *Jornal das Dez*, gravar e enviar *flashes* para a programação, entrar ao vivo por telefone nos principais jornais e preparar, com a ajuda dos editores no Brasil, uma edição especial do programa *Sem Fronteiras*, que teria que ser exibido na quinta-feira seguinte ao resgate.

Uma semana antes, eu havia fechado o roteiro de viagem das minhas férias, marcadas para novembro. As passagens de ida e volta estavam compradas. O mochilão começaria em Cuzco, no Peru, e terminaria... no Atacama.

Mas a viagem ao deserto começou antes.

Não deu para dormir muito na madrugada de quinta para sexta. A notícia da viagem causou uma excitação natural. O primeiro passo foi mergulhar no assunto: ler bastante sobre os detalhes daquela megaoperação de resgate que já durava 64 dias, fazer uma pesquisa sobre as condições de trabalho dos jornalistas que estavam no local e, pelo Twitter, saber o que as pessoas do mundo inteiro comentavam sobre o assunto.

Já era de imaginar que o trabalho no meio do deserto estava difícil para os profissionais da imprensa: queda brusca de temperatura, local isolado, sinal frágil de internet. E para comer, como seria? Por via das dúvidas, pela manhã comprei 36 barras de cereal de todos os sabores possíveis: chocolate com banana e banana com chocolate.

Fui para a emissora no início da tarde, pronto para viajar. O itinerário estava definido:

Sexta-feira, 8/10/2010
20h: voo Rio-Buenos Aires

Sábado, 9/10/2010
7h: voo Buenos Aires-Santiago
13h: voo Santiago-La Serena
14h: 7 horas de carro — La Serena-Chañaral

Já seria um início de cobertura cansativo.

O mais simples e rápido era pegarmos um voo Rio-Santiago e, depois, Santiago-Copiapó. Mas a baldeação, claro, tinha motivo: os voos estavam lotados. Veículos de comunicação do mundo inteiro corriam para chegar a tempo de acompanhar o resgate. O triunfo dos mineiros já se apresentava como a grande cobertura jornalística mundial de 2010.

Depois de uma ida tranquila até Buenos Aires, fomos descansar em um hotel da capital argentina. Dormimos e acordamos em um espaço de três horas. Tínhamos que ir para Santiago.

Foi no aeroporto internacional da capital chilena, ainda com muitas obras por conta do terremoto que devastara o país e matara mais de quinhentas pessoas oito meses antes, em fevereiro, que a cobertura da nossa equipe começou. Foi ali, no intervalo entre um voo e outro, que gravamos as primeiras imagens e entrevistas em território chileno.

Queríamos saber o que os moradores da capital pensavam sobre o resgate. Era natural que houvesse uma corrente de pensamento positivo em todo o país para que os 33 homens saíssem vivos e minimamente saudáveis da mina San José. Mas até que ponto o sucesso do resgate, na visão dos chilenos, seria importante também para a imagem do país? Como encaravam a atitude da oposição, que acusava o presidente Sebastián Piñera de apressar o trabalho de resgate para que o momento histórico não coincidisse com uma importante viagem que o chefe de Estado faria à Europa, nove dias depois? E a cobertura da imprensa local? Os jornais falavam sobre o histórico de acidentes em minas de cobre e carvão na região do Atacama?

Falavam pouco.

A maior queixa dos chilenos com os quais conversei no aeroporto era justamente o foco da imprensa sobre o assunto. "Estão tratando esse resgate como um *reality show*", me disse um universitário. "Sabemos muitos detalhes da vida de cada mineiro. Às vezes me parece que há um exagero", complementou.

Naquele sábado, 9 de outubro de 2010, as atenções dos principais jornais chilenos estavam voltadas para os detalhes da operação de resgate.

Estas eram algumas manchetes de capa:

El Mercurio — Arriscada operação com explosivos pode anteceder resgate dos mineiros

La Tercera — Plano final de resgate inclui uso de dinamite por parte dos mineiros

Las Últimas Noticias — Engenheiros explicam novas dificuldades do resgate dos 33 — Mineiros serão obrigados a dinamitar a boca do duto

O plano citado pelos três jornais acabou, mais tarde, sendo descartado pelas autoridades.

Enquanto gravávamos algumas imagens no aeroporto, uma professora veio em nossa direção, se apresentou, pediu a palavra e fez outra crítica à imprensa local. "Lá (na mina San José) estão só 33. É claro que nos preocupamos e torcemos por eles, mas e os outros?", perguntou.

As informações que apurei durante a cobertura escancaram o descaso do governo chileno com a profissão que, só no caso do cobre, é responsável por 30% das exportações do país. Nem por isso a mineração é devidamente regulamentada e fiscalizada no Chile.

O Deserto do Atacama é uma das nove regiões mineiras do país, com nada menos que 884 jazidas, a maioria de pequeno porte. A média de 34 mortes por ano em acidentes é resultado de um número estarrecedor: a fiscalização das 884 minas do Atacama fica nas mãos de três inspetores. *Repito: a fiscalização das 884 minas do Atacama fica nas mãos de três inspetores.*

Se por algum motivo esses três homens decidirem que, apesar do baixíssimo salário que recebem, vão passar a fazer um serviço de excelência e checar as condições de trabalho em todas as 884 minas diariamente, cada um terá que visitar, sozinho, 294 minas em um turno de oito horas. Para fechar a conta, um deles terá que ir a 296 minas.

A estrutura precária da pequena mina San José já havia provocado oitenta acidentes desde o início das suas atividades. A morte de um mineiro em março de 2007 culminara no fechamento da mina, que acabou sendo reaberta em maio de 2008.

Apesar de esse tipo de informação deixar os chilenos de classe média aparentemente revoltados, ficou claro, nessa primeira conversa com homens e mulheres de diferentes idades e posições políticas, que o resgate dos 33 trabalhadores seria um feito importantíssimo para a imagem do país. "O mundo inteiro vai, finalmente, ver o Chile dando certo", me disse um jovem morador da capital.

A hora do nosso embarque para a cidade de La Serena se aproximava, e seria bom mandarmos as imagens e entrevistas para o Brasil o quanto antes.

O "kit correspondente" que os repórteres da Globo News usam em coberturas internacionais é composto por um *laptop* com dois programas fundamentais: um de edição de vídeo e outro — desenvolvido pelo próprio departamento de engenharia da TV Globo — que captura e envia arquivos de áudio e vídeo para os servidores do Rio de Janeiro e de São Paulo. Além, é claro, do equipamento de gravação: uma câmera de vídeo digital e acessórios como tripé, kit de iluminação e kit de microfone sem fio. Para gerarmos o material para o Brasil, temos a opção de uma antena via satélite que, numa emergência, pode nos ajudar. Mas o ideal é termos uma boa conexão de internet sem fio ou a cabo.

Usando a rede de internet do aeroporto chileno, a geração levaria uma eternidade. Por sorte, conseguimos um cabo com uma conexão razoável em um balcão de uma empresa de telefonia. O funcionário de plantão naquele sábado era prestativo e quebrou o nosso galho em troca de uma generosa gorjeta. Mas o material era muito pesado, e, quando a geração já chegava perto dos 70%, tivemos que cancelar o envio. Precisávamos embarcar para La Serena.

Haveria de ter um cabinho de internet no aeroporto da famosa cidade.

Município pequeno, com pouco mais de 100 mil habitantes, La Serena fica entre a belíssima Cordilheira dos Andes e o Oceano Pacífico. O aeroporto da cidadezinha é menor que muita rodoviária do Brasil e, também por isso, bem simpático:

tem um banheiro, uma banca de jornal, um telefone público e um lugar para comer. Enquanto eu acertava o aluguel do carro, Julinho conseguiu um cabo de internet na lanchonete do aeroporto. O material foi gerado, sem nenhum problema, em poucos minutos.

Depois de três voos, seguimos viagem por terra. Alugamos um carro espaçoso, que — num momento extremo — poderia virar nossa casa. O porta-malas era grande e tinha potencial para se transformar em um ótimo armário. E os bancos, reclinados, seriam nossas camas. Ainda no Brasil, chegamos a pedir preferência por GPS, mas todos já tinham sido alugados.

O aparelhinho acabaria nem sendo tão necessário. O caminho é simples: uma reta de mais ou menos quinhentos quilômetros. A estrada — a principal do norte do Chile — é muito bem sinalizada, limpa e com uma vista linda. Mas uma hora anoitece, a temperatura despenca, e o nevoeiro fica muito forte. Lanterna acesa, atenção total. Tivemos que reduzir drasticamente a velocidade durante a noite. Estávamos numa estrada desconhecida, movimentada e cansados depois de um dia inteiro de viagens. Paramos num restaurantezinho de beira de estrada e comemos um bife com fritas daqueles que valem por um dia inteiro.

Entre uma garfada e outra, saí do restaurante para fazer a primeira entrada ao vivo por telefone: um bate-papo de cinco minutos com o apresentador Eduardo Grillo, no *Jornal das Dez*, sobre as primeiras impressões da nossa equipe no Chile. Enquanto as imagens das conversas com os chilenos no aeroporto de Santiago eram mostradas, eu falava sobre as críticas que a maioria fazia ao governo e à cobertura da imprensa local — e, claro, do entusiasmo generalizado com a reta final do trabalho de resgate.

Foi o início oficial da nossa cobertura no Chile. E o início também de uma curiosidade que me perseguiu por toda a viagem e que quase virou um bolão na redação da Globo News no Rio de Janeiro: quanto daria a conta do celular com tantas entradas ao vivo que faríamos durante a cobertura? A conferir.

Terminamos de comer e duas horas depois estávamos no hotel que tinham reservado para nós na pequena cidade de Chañaral. Tínhamos quatro horas para descansar. Noite curta, mas de sono profundo.

Não havia condições de tocar uma cobertura como essa baseados em uma cidade que fica a duas horas da mina San José. Continuar em Chañaral estava fora de cogitação. E os chefes, no Rio de Janeiro, sabiam disso. A reserva do hotel foi apenas uma referência para a primeira noite. Depois, era com a gente.

Tínhamos algumas opções de hospedagem para os dias seguintes: tentar alugar um quarto ou uma casa em alguma cidade mais próxima à mina, dormir no carro, comprar uma barraca e sacos de dormir para acampar ou — com muita sorte — conseguir uma vaguinha num dos poucos hotéis de Copiapó, coisa que a nossa redação, no Rio, já havia tentado bastante. Os três mil quartos de hotel da cidade estavam ocupados.

A questão é que só poderíamos dormir no carro ou acampar nos arredores da mina San José se a conexão de internet do local fosse boa. Caso contrário, precisaríamos de uma base para gerar o material para o Brasil. Mas isso era uma questão que iríamos avaliar durante o dia.

Saímos do hotel e pegamos a estrada rumo ao Acampamento Esperança. Na paisagem do Atacama, ainda no início do percurso, longe da mina San José, vimos as primeiras homenagens aos 33 mineiros. Descemos para fazer imagens. Alguém havia colocado, pacientemente, centenas de pedrinhas brancas sobre a terra escura do deserto, formando a frase que estava espalhada por todo o país: "Fuerza, Mineros".

Depois de uma hora e meia na rodovia, finalmente chegamos à estradinha de terra que dá acesso ao Acampamento Esperança e à mina San José. Nesse momento, minha primeira surpresa.

— Estão com as credenciais? — perguntou um policial chileno, que, devidamente uniformizado, fritava de calor no deserto.

A barreira policial, na verdade, não deveria ser uma surpresa. Estávamos numa cobertura que envolvia jornalistas do mundo inteiro; é claro que o Chile se organizaria para receber tanta gente. Tiveram tempo para isso. Mas eu, jovem repórter, não imaginava que, numa história tão marcada pelo inusitado e pelo imprevisto, fazia-se necessário um burocrático credenciamento formal.

— Não, não estamos com as credenciais — respondi.

Cheguei a mostrar a ele o equipamento e os documentos que comprovavam que éramos jornalistas, mas o policial, com razão, queria que o responsável pelo credenciamento ligasse para ele e autorizasse a nossa entrada.

Meu único contato no acampamento, naquele momento, era com a repórter Giovana Sanchez, do G1, o portal de notícias da Globo. Mesmo evidentemente atolada de trabalho, Giovana, atenciosa, me pediu dez minutos para achar a tal pessoa. Nesse espaço de tempo, aconteceram duas histórias que levo comigo até hoje e que ajudam a dimensionar de que maneira o resgate dos 33 mineiros mexeu com o Chile.

Uma senhora chamada Angélica, moradora da região, se apresentou à nossa equipe e, com voz mansa e cabeça baixa, disse que havia escrito um poema para os mineiros. "Não sou poeta, não costumo escrever, mas algumas palavras me vieram à cabeça e decidi colocá-las no papel", disse ela. "Podemos vê-lo?", perguntei. "Deixei o poema com um jornalista chileno que estava indo para o acampamento ontem à tarde. Ele me prometeu entregá-lo para um dos mineiros assim que eles forem resgatados", respondeu Angélica.

Quem não era integrante da equipe de resgate, político, jornalista, voluntário devidamente identificado ou parente de um dos mineiros não podia passar daquela barreira policial. Era o caso de Angélica, que só queria saber o paradeiro de sua primeira obra literária. Peguei o telefone dela e do jornalista e fiquei de ir atrás de notícias do poema.

Logo depois, apareceu um senhor. Alberto não estava ali para pedir nada, só queria "dar um presente". Numa rápida conversa, disse, todo orgulhoso, que havia enfeitado a fachada de casa com balões azuis, vermelhos e brancos, bandeiras do Chile e cartazes com frases como "Todos los chilenos y el mundo estamos con ustedes, mineros".

Em seguida, Alberto tirou da caçamba do carro um dos cem quadros que mandou fazer com a foto da fachada de casa toda enfeitada.

Aquele senhor de 1,70 m, que devia ter lá os seus 65 anos, viajou uma hora de carro até a estradinha que dá acesso ao acampamento, sozinho, só para distribuir o presente a quem quisesse aceitá-lo. Era patriotismo no sentido mais puro da palavra. Estava na cara: Alberto, provavelmente, nunca teve tanto orgulho de ser chileno. Tive a honra de ter sido o primeiro a ganhar o quadro que, hoje, está na estante do meu quarto.

As histórias de Angélica e de Alberto foram pequenas demonstrações do que viveríamos nos dias seguintes.

A autorização para a nossa entrada veio logo depois, com a ligação da responsável pelo credenciamento dos jornalistas. Dirigimos por mais meia hora, passamos por outra barreira policial e, finalmente, chegamos ao Acampamento Esperança, nosso novo escritório de trabalho.

Acampamento Esperança

Ao descer do carro, não sabia para onde olhar.

Um helicóptero sobrevoava o acampamento e dava rasantes bem perto dos gigantescos caminhões das emissoras de TV. Eram 29 deles. Geradores de energia elétrica empesteavam o ar do deserto com cheiro de óleo diesel. Um repórter americano andava de um lado para o outro falando ao telefone, nervoso, com a cara esbranquiçada de tanto protetor solar. Na entrada do acampamento, um cartaz com uma enorme estrela com as fotos do rosto dos 33 mineiros dava as boas-vindas. Ao fundo, o barulho das máquinas que trabalhavam no resgate não parava: "Piiiiii, piiiiii, piiiiiiii...".

Diante dos olhos, tudo aquilo que até então acompanhávamos incrédulos pela TV ficou ainda mais espetacular. Naquela manhã de domingo, a neblina era forte, mas já começava a se dispersar. Era o sinal de que, em pouco tempo, o frio matinal de 10 °C viraria um calor de pouco mais de 30 °C, que só não era insuportável porque estávamos a quarenta quilômetros do Oceano Pacífico.

Depois de alguns segundos em silêncio, buscando entender a dimensão daquilo tudo, vi que um policial gesticulava, pedindo para deixarmos o carro numa vaga um pouco mais afastada. Após estacionarmos em outro local, Julinho ficou ali para tirar o equipamento do porta-malas, e fui pegar nossas credenciais.

Andei alguns metros, e, logo na entrada, estava toda a família de Jimmy Sánchez, o caçula entre os 33 mineiros. Jimmy nunca havia passado tanto tempo longe de casa. Os pais do garoto conversavam em frente à barraca onde dormiram nos últimos 65 dias. Tudo era improvisado. O varal, estrategicamente estendido em frente à barraca, tentava, em vão, garantir o mínimo de privacidade aos parentes do jovem mineiro. Alguns ferviam água enquanto eram entrevistados por jornalistas asiáticos. Foi nesse momento que percebi que até os familiares dos trabalhadores carregavam credenciais no pescoço. Aquilo, claro, ajudava no controle de quem entrava e saía do acampamento e, de tabela, era um grande facilitador para a abordagem dos jornalistas. Mas a mãe e o pai de Jimmy nem precisavam de crachás. A ansiedade pela volta do filho estava escancarada na expressão cansada de cada um. Mas as olheiras até que conviviam bem com o sorriso que, àquela altura, mal saía do rosto dos dois. Pela previsão oficial das autoridades chilenas, Jimmy reencontraria a família em 72 horas se tudo desse certo.

Os pais do mineiro saíram da frente da barraca e, juntos, foram para um canto, onde começaram a rezar. Ao lado, havia um pequeno santuário com terços, velas, imagens de santos e fotos da família. Numa delas, Jimmy exibia a camisa do time de futebol do coração, Universidad de Chile. Em outra, ao lado dos pais, aparecia de macacão e capacete, uniforme de trabalho. Três cinegrafistas e um fotógrafo faziam imagens da oração da família.

Tudo beirava o inacreditável.

"É isso mesmo que vai acontecer aqui?", eu pensava. "Trinta e três homens vão sair vivos lá daquele buraco depois de mais de dois meses isolados, no breu, sem comer direito, a quase setecentos metros de profundidade, trazidos por uma máquina batizada de 'cápsula Fênix', que mais parece um foguete?"

O Acampamento Esperança sempre me remeteu a um *set* de filme de ficção. Uma versão adaptada e superproduzida de *A montanha dos sete abutres*, longa-metragem americano de 1951 que vi na época da faculdade. No filme, um veterano repórter consegue contato com um trabalhador que havia ficado preso em uma mina enquanto procurava relíquias indígenas. Sedento por notícia e sucesso, o repórter, demitido de onze jornais por onze razões distintas, faz um pacto com o mineiro para que o trabalhador demore mais alguns dias para sair de lá. O resgate vira assunto nacional e atrai milhares de jornalistas e curiosos. O repórter controla toda a situação e consegue até convencer a mulher do mineiro — que ia abandonar o marido — a acompanhar o resgate e, como numa novela, encarnar o papel de esposa arrasada.

O Acampamento Esperança tinha várias esposas arrasadas e repórteres veteranos sedentos por notícia e sucesso. E, de quebra, um cenário arrebatador.

O Deserto do Atacama é considerado o lugar mais seco do planeta: são cerca de mil quilômetros de extensão, do norte do Chile até a fronteira com o Peru. Um ambiente hostil, único no mundo, que servia de pano de fundo para uma história inédita. Tudo isso simplesmente me fez esquecer, por alguns minutos, que o companheiro Julinho estava lá atrás, no carro, testando o equipamento para começarmos a trabalhar. Atordoado, eu não havia andado nem quinze metros.

Apertei o passo e logo cheguei à sala de credenciamento. Havia uma fila, mas em menos de quinze minutos estava com os dois crachás de imprensa internacional em mãos. Àquela altura, a sensação de que a mina San José estava sob os holofotes do mundo se materializou: minha credencial era a de número 1.275. E a fila não parava de crescer.

Voltei para o carro, e, enfim, fomos gravar. Entre as primeiras imagens que fizemos no acampamento, uma nos marcou e abriu a reportagem do *Jornal das Dez* daquele domingo.

Quatro meninos — todos filhos ou netos de mineiros — brincavam em frente ao contêiner onde as crianças do acampamento tinham aulas diariamente. Os garotos de mais ou menos oito anos mostravam ter uma intimidade daquelas que só crianças conseguem criar em dois meses. Um deles, então, sugeriu a recém-inventada brincadeira de "resgatista". Enquanto esperavam o pai ou o avô ser retirado de 688 metros de profundidade pelas equipes de resgate, os meninos também tinham o desafio de remexer a terra seca do deserto até encontrar alguma coisa. Só que com pás de plástico. Qualquer pedrinha diferente que achavam, comemoravam como se fosse um gol do Chile em Copa do Mundo. Coisa linda de ver.

Perto dali, para tornar o uso do clichê "circo da imprensa" um pouco menos sem graça, um palhaço de verdade chegava ao acampamento. Rolando Gonzáles, devidamente fantasiado, era filmado e fotografado enquanto falava ao celular. Valorizou o momento e demorou uma eternidade ao telefone. Desligou, sorriu, respondeu a algumas perguntas dos jornalistas e começou a distribuir balões coloridos para as crianças. "Meu trabalho aqui é principalmente com os pequenos. Vim para cantar músicas, promover brincadeiras e trazer presentes. Quero tirar um pouco as crianças da realidade que estão vivendo, tentar fazer com que esqueçam que seus pais estão presos a setecentos metros de profundidade."

— E que tal esse circo todo em volta de você? — perguntei.

— Prefiro o de lona — respondeu o palhaço.

Ao saber que éramos do Brasil, Rolando Gonzáles olhou para a câmera e mandou um recado: "Aqui do Acampamento Esperança, na mina San José, o palhacinho Roli manda um grande abraço para todo o Brasil. Para as pessoas de norte a sul do Brasil! Peço que não deixem de orar e de pedir a Deus que tudo dê certo com os colegas mineiros. Que os 33 saiam bem e que continuem bem aqui fora!".

A mensagem, simpática, terminou com a entrega de um cartão e uma frase-padrão ao pé do ouvido: "Faço eventos em qualquer lugar, meu amigo, é só chamar".

O primeiro grupo de crianças que conseguiu pegar os balões coloridos não parava de correr e de gritar. Uma voluntária da Cruz Vermelha pintava um coração na bochecha da menina mais animada. Olhei para o lado e vi que Julinho, rindo, filmava um menino gordinho que, ainda sem saber andar direito, brincava de fugir da lente. Quando Julinho parava, o gorducho sorria, olhava para a lente e fazia sinal com a mão pedindo mais. Julinho filmou tudo e fez, ali, mais uma de suas belas imagens.

As crianças mais novas pareciam estar numa colônia de férias. As mais velhas até se distraíam, mas já tinham noção do que estava acontecendo. "Vou falar para o meu avô nunca mais entrar numa mina", disse-me Maríon Galeno, de nove anos.

Terminamos de gravar com as crianças, e, logo depois, uma senhora de cadeira de rodas chegou ao acampamento. Fui até ela, me apresentei e perguntei o que fazia com tanto papel crepom nas mãos. Ela, em segundos, preparou uma flor e respondeu: "Vim florir o deserto! Esse lugar, agora, precisa de alegria".

As histórias não paravam de surgir. Precisávamos dar uma parada, beber uma água e conversar um pouco sobre tudo aquilo que estávamos vendo. A caminho da sala de imprensa, uma coincidência: num painel repleto de desenhos feitos por crianças de escolas da região em homenagem aos mineiros, lá estava um grande cartaz com um poema assinado por... Angélica Navarrte, a mais nova poeta do Atacama que havíamos conhecido na estradinha de terra, antes de chegarmos ao acampamento.

O poema era simples e, também por isso, tinha um significado imenso. Fotografei o cartaz, contei a novidade para Julinho e tentei — o dia todo — telefonar para Angélica. Mas a ligação não se completava. No dia seguinte, a mesma coisa: uma gravação dizia que o número não existia.

Já não tenho mais o telefone de Angélica, mas espero, quem sabe, reencontrá-la um dia. E avisá-la que tive a honra de publicar seu primeiro poema em meu primeiro livro.

Hombre minero, corazón de guerrero	*Homem mineiro, coração de guerreiro*
Angélica Navarrte	Angélica Navarrte
Pirquinero, pirquinero	Mineiro, mineiro
Valiente de corazón	de coração valente
Has dado gran ejemplo	deu a todos um grande exemplo
De fuerza y gran valor	de força e de grande valor
No sabemos si están com vida	Não sabemos se estão vivos
Pues ya passaron 17 días	pois 17 dias já se passaram
Pero no nos rendiremos	Mas não nos renderemos
Y un acampamento armaremos	e um acampamento armaremos
Todo Chile está luchando	Todo o Chile está lutando
Familias, amigos y hermanos	família, amigos e irmãos
Entre aplausos, risas y llantos	Entre aplausos, risos e choro

Al saber que están a salvo	soubemos que estão a salvo
A la superficie los sacará	Para a superfície vão trazê-los
La nación los espera	a nação os espera
Y en la historia quedará	E para a história entrará
Esta lucha de hermanda	essa luta de fraternidade
Historico rescate será	O resgate será histórico
Todo el mundo lo comentará	O mundo todo vai comentá-lo
Pues la lucha no cesará	mas a luta não acabará
Sus testimonios conocerán	Seus depoimentos todos conhecerão
Y sus nietos lo recordarán	E seus netos os lembrarão
Que perforando sin cesar	Que perfurando sem parar
¡33 vidas Chile entero	33 vidas o Chile inteiro
Pudo salvar!	pode salvar!

O Acampamento Esperança era o sonho de qualquer repórter: um manancial de ótimas histórias e imagens. À medida que o lugar ia ficando mais cheio, surgiam trilhas sonoras.

De olhos fechados, balançando a cabeça conforme a música — e com um nariz de palhaço que nada combinava com a cena —, um homem tocava atabaque numa barraca grande e vazia. Ao lado dele, um senhor bem moreno, de traços andinos caricatos, acompanhava o colega ao violão. A música de melodia triste dizia no refrão: "Hoje sou feliz, agradeço por viver". Os dois eram mineiros da região do Atacama. A música em forma de oração era um modo de agradecimento por estarem vivos.

Horas depois, em outra barraca perto dali, um menino alto, com cara de índio, tocava e cantava uma música que falava dos 33 mineiros na letra. Era de supor que Victor fosse parente de algum dos trabalhadores.

"Não conheço ninguém aqui", disse o jovem músico. "Estava acompanhando as notícias e me vi emocionado com tudo isso. Sentei no meu quarto e escrevi essa música."

A letra foi escrita em primeira pessoa, como se Victor fosse o 34º mineiro. O refrão dizia:

> Como posso estar aqui
> se minha família espera por mim?
> Mas eu não vou me render
> com forças vou me manter de pé

"Gostaria muito de um dia tocar essa música para os 33, mas como sei que vai ser difícil decidi mostrá-la para as famílias." A música pegou no acampamento. Victor virou xodó entre as velhinhas, que batiam palma e pediam bis. A cena do fã-clube se emocionando com a música encerrou a matéria do *Jornal das Dez* de segunda-feira, 11 de outubro.

Ao lado da barraca da cantoria, dormia a pequena Madalena, de um ano e onze meses, filha do mineiro Claudio Yáñez Lagos. A menina, linda, passava o dia ali, brincando com os irmãos e ouvindo da mãe e das tias que o pai estava viajando, mas que "já, já, voltaria". Para esperar o mineiro voltar da viagem, a família levou até uma churrasqueira portátil para o acampamento.

O que me causou certa surpresa no contato com as famílias dos mineiros foi que, apesar de exaustos, todos estavam sempre dispostos a falar com a imprensa. Alguns, mesmo visivelmente saturados, davam declarações. Se quiséssemos apenas fazer imagens, não se importavam. Tampouco se pedíssemos para conversar com mais calma para falar sobre questões como as constantes reclamações das condições de trabalho no setor da mineração. Nos quatro dias que passei no acampamento, não ouvi um "não" sequer das famílias, o que seria perfeitamente compreensível. Isso tinha um lado negativo: eram todos tão acessíveis que havia filas para entrevistá-los. Respondiam às mesmas perguntas dos jornalistas quinze, vinte vezes por dia. Uma mais criativa que a outra.

"Está muito ansiosa?"

"Perdeu a esperança em algum momento?"

"O que vai dizer quando o encontrar?"

Você sabe: cobertura de drama humano é sempre um festival de perguntas previsíveis. A tarefa é difícil, e é aí que está a graça. No Acampamento Esperança, éramos cinco jornalistas para cada parente acampado. Valia a pena ficar mais atento do que nunca aos detalhes. E um detalhe em que nós, homens, tradicionalmente não reparamos acabou virando história em uma das reportagens que levamos ao ar na Globo News.

Logo no primeiro dia me aproximei da barraca onde estava acampada a família do mineiro boliviano Carlos Mamani, ao ver que sua mulher, Verónica Quispe, escrevia uma carta. Na verdade, parei ali principalmente porque Verónica, de 21 anos, chamava a atenção em meio à poeira e à rusticidade do deserto. Verónica é uma mulher que muita gente não consideraria bonita. Estou nesse time. Mas é que, naquele dia, ela estava especialmente bem produzida: olho pintado, batom, cabelo alisado. Parecia ter acabado de voltar do salão de beleza.

Aquele era o último dia em que as famílias poderiam mandar cartas para os mineiros. Verónica fazia um desenho desses da época de colégio, com o corpo dos bonequinhos em forma de palito, filiformes. Na imagem, ela e o marido estavam de mãos dadas. O desenho era romanticamente brega, mas tinha seu valor. Carlos Mamani fora desenhado pela mulher ainda meio sujo de terra, como se tivesse acabado de ser resgatado. A mulher do mineiro terminou o desenho, dobrou a carta e a colocou em um tubo de cerca de vinte centímetros que seria jogado para o fundo da mina pela última vez.

Falei um pouco com Verónica sobre os dias no acampamento — nada muito demorado — e comentei durante a conversa: "Com todo o respeito, reparei que você tá bonita, maquiada...". A sogra dela, que acompanhava a conversa, deu um berro seguido de uma gargalhada que dificilmente não foi ouvida pelos 33 mineiros a quase setecentos metros de profundidade. Verónica — um pouco sem graça — riu e respondeu: "Passei no salão de beleza mais cedo. Faço questão de estar linda para ele. Acho importante e sei que meu marido vai se sentir bem com isso", disse.

Pode parecer bobagem, mas nesse momento me vi diante de uma história que não imaginava encontrar no acampamento. Verónica, naturalmente agoniada e ansiosa pelo resgate, só largara a vigília — em mais de sessenta dias — para ir ao salão se produzir para o marido. Vaidade boa, singela.

"Você se incomoda em dizer o que escreveu naquela carta?", perguntei.

"Não, sem problemas. Digo que estou esperando por ele de coração aberto, alegre, e que estarei aqui até o último dia para dar um beijo e um abraço quando ele sair."

A entrevista foi rápida, só cinco minutos de gravação. Nesse tempo, Verónica disse quatro vezes que não via a hora de "abraçar e beijar" o marido. Encaixava isso em qualquer frase, sempre abrindo um sorriso.

Já eram 66 dias de abstinência sexual. A saudade, nesse sentido, certamente era grande.

Perto dali, Cristina Nuñez, de 26 anos, noiva do mineiro Claudio Yáñez, falava para um jornalista sobre a lingerie especial que havia acabado de comprar para o reencontro: vermelha, com capa e chifres de diabinha. Claudio e Cristina tinham dois filhos e namoravam havia onze anos. Depois que ficou preso na mina ao lado de 32 homens é que Carlos decidiu pedir Cristina em casamento. O "quer casar comigo?" chegou por carta, e Cristina prontamente escreveu que aceitava.

À medida que o resgate se aproximava, mais gente chegava ao Acampamento Esperança. Nos primeiros dezessete dias depois do acidente, quando não se sabia se os mineiros estavam vivos, havia cerca de 250 pessoas no acampamento, entre parentes dos mineiros, políticos, equipes de resgate, jornalistas e voluntários. Às vésperas do resgate, o lugar se transformara num povoado frequentado por quase 3 mil pessoas.

A estrutura do local era, dentro do possível, bem organizada. Protetor solar era distribuído de graça. O pequeno hospital de campanha era melhor do que muito posto de saúde no Brasil. Os sessenta banheiros químicos e as dez duchas, no início, deram conta de atender todo o acampamento. Mas, com o tempo, passou a faltar água com frequência, e as mulheres começaram a se queixar, com razão, da imundície dos banheiros. Alguns veículos de comunicação decidiram levar seus próprios banheiros químicos. Por precaução, os trancavam com cadeado.

Se o Acampamento Esperança fosse no Brasil, provavelmente dezenas de vendedores ambulantes teriam formado um cartel de venda de amendoins, salgadinhos, sanduíches e guaraná natural. No deserto, nada era vendido. Mérito das autoridades chilenas, que, com rigor, criaram a primeira barreira policial a quinze quilômetros da entrada da mina.

As refeições servidas no acampamento — café da manhã, almoço, lanche e jantar — eram de graça. Tudo foi preparado e servido por uma equipe de quarenta voluntários e funcionários públicos das cidades mais próximas. Esse grupo se revezava em turnos de doze horas e, nos dias que antecederam o resgate, servia, em média, oitocentas refeições por dia. A comida era doada por algumas das principais redes de supermercado do país. Na manhã do último domingo antes do resgate, a assistente social Pamela Leiva, de 28 anos, que comandava o serviço de apoio às famílias, me contou que, na época em que não se sabia se os 33 mineiros estavam vivos, era raro servir refeições. "As famílias não comiam direito. As pessoas fumavam muito e tomavam café sem parar", disse. O mesmo acontecia com os voluntários, que descansavam sobre as mesas da cozinha ou sentados em cadeiras. "Depois da notícia de que os mineiros estavam bem, as famílias foram, aos poucos, aceitando as refeições. E a estrutura aqui começou a melhorar", lembrou Pamela.

O esquema montado no refeitório coletivo — com capacidade para cerca de cinquenta pessoas — priorizava as famílias dos mineiros. A primeira e maior faixa de horário do almoço, por exemplo, de 12h às 14h, era delas. Aquilo que sobrava — nem sempre sobrava — alimentava voluntários e jornalistas. Foi servido de tudo no Acampamento Esperança: macarronada, lentilha, peixe frito, frango, sopa, hambúrguer.

Tentei encarar a fila do refeitório apenas uma vez, mas, enquanto esperava, o telefone tocou e tive que entrar ao vivo na programação. Saí andando sem rumo pelo acampamento passando as informações e acabei, claro, perdendo meu lugar na fila.

Desisti de almoçar e fiquei na barra de cereal e no biscoito. Foi assim até o dia do resgate.

Em outro dia, no meio da tarde, vi dois homens fritando filé de merluza em panelões do lado de fora do refeitório. Algumas pessoas, entre elas jornalistas, esperavam com um guardanapo nas mãos. Peguei o meu e fiquei salivando à espera do peixinho. Quando a primeira leva ficou pronta, os peixes foram direto para uma vasilha, que desapareceu em menos de um minuto. Era tudo muito rápido: os peixes ficavam prontos, eram jogados na tal vasilha, e rapidamente surgia um voluntário-surpresa levando o pote para outro canto. Desisti do peixinho. Peguei quatro barras de cereal, abri um refrigerante que havíamos comprado mais cedo e almocei. Sem o devido tempo livre, era de fato difícil fazer uma refeição decente no acampamento.

Mal ou bem alimentados, os jornalistas passavam boa parte do dia sentindo cheiro de comida. O canto gentilmente chamado de "sala de imprensa" ficava ao lado do refeitório. Era ali que os jornalistas disputavam de forma civilizada cadeiras, tomadas e a pobre da conexão *wi-fi*. Com o acampamento lotado, a rede de internet sem fio ficou mais lenta do que já era. Tentamos por várias vezes gerar boletins curtos, de menos de um minuto, mas o envio travava antes dos 5%.

Até que na segunda-feira, nosso segundo dia de Acampamento Esperança, descobri que, num contêiner usado pela maioria dos jornalistas da mídia on-line, havia sempre um cabo de internet sobrando, com conexão supersônica para os padrões da rede sem fio local. Fiz um teste. Saí do contêiner, gravei um novo *flash* mostrando detalhes do acampamento, e, em menos de cinco minutos, o material chegou ao servidor da TV Globo no Rio de Janeiro. Nossa cobertura encorpou a partir dali. Além da matéria do dia no *Jornal das Dez*, poderíamos fazer *flashes* atualizados para os jornais e adiantar a geração de imagens e entrevistas para o *Sem Fronteiras*. Foi assim até o último dia.

Diante das dificuldades de uma grande cobertura, foi fundamental ter tido a ajuda de colegas da imprensa que conheci no acampamento. Ao contrário do que o leitor possa pensar, são muitos os momentos de parceria, inclusive entre os concorrentes. O repórter Luciano Nagel, da Rádio Guaíba — do grupo Record do Rio Grande do Sul — era um dos mais solícitos quando precisávamos de uma tomada para carregar a bateria do computador. Com frequência, todos os brasileiros da "sala de imprensa" trocavam informações não exclusivas que porventura alguém não estivesse sabendo.

Para questões um pouco mais complexas, como um lugar para passar a primeira noite no Atacama, tivemos a ajuda dos companheiros Carlos de Lannoy, hoje correspondente da TV Globo no Oriente Médio, e do repórter cinematográfico Emiliano Fabris. Os dois trabalhavam juntos em Buenos Aires, foram enviados para o Chile e nos indicaram o hotel onde estavam hospedados em Copiapó. Por sorte, conseguimos duas vagas.

A rua do hotel era movimentada. Tinha caixa eletrônico, shopping, farmácia e mercado por perto. Todos garantiam que o lugar era tranquilo, mas — com tanto chamariz — a cidadezinha que estava no centro do mapa mundial sucumbiu a um ou outro problema de cidade grande. Certo dia, a caminho do carro, depois do almoço, eu falava ao telefone com o coordenador da Editoria Internacional da Globo News, companheiro Filipe Barini, quando percebi que um dos vidros traseiros estava quebrado. Imaginando que parte de nosso equipamento pudesse ter sido roubada, disse palavras que futuras reformas na língua portuguesa

Dezessete dias depois do acidente na mina San José, o presidente chileno Sebastián Piñera mostra o bilhete escrito pelos mineiros.

Às vésperas do resgate, equipe da Globo News trabalha no Acampamento Eperança.

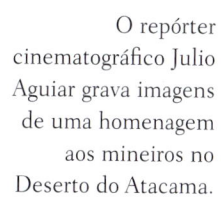

O repórter cinematográfico Julio Aguiar grava imagens de uma homenagem aos mineiros no Deserto do Atacama.

Na "sala de imprensa" do acampamento, jornalistas enviam fotos, vídeos e textos para seus países.

Diante de jornalistas do mundo inteiro, o presidente chileno concede entrevista coletiva ao lado da primeira-dama.

Repórteres improvisam no Acampamento Esperança.

O repórter Rodrigo Carvalho usa a internet do hotel em Copiapó para enviar imagens e entrevistas para o Brasil.

Local exclusivo para as famílias dos mineiros fazerem suas refeições no Acampamento Esperança.

Um dia antes do resgate, parentes dos mineiros cantam na noite fria do Atacama.

Menino brinca no acampamento enquanto o resgate não acontece.

Voluntários fritam peixe para o último almoço no Acampamento Esperança.

Florêncio Ávalos, primeiro mineiro a ser resgatado pela cápsula Fênix 2, recebe o cumprimento do presidente chileno. Ao lado deles, o filho e a mulher do mineiro, emocionados, esperam por mais um abraço.

Rodrigo Carvalho comemora o resgate de Luiz Urzúa, o último trabalhador a sair da mina San José.

Quarenta e quatro dias depois do resgate, Rodrigo Carvalho volta a Copiapó durante as férias. A exposição temporária na Casa de Cultura da cidade reúne objetos que foram deixados no Acampamento Esperança.

Credenciais de jornalistas viraram objetos de museu.

O acervo fará parte de um museu, Museo Minero de los 33, que será construído em Copiapó.

Museu a céu aberto: um mês e meio depois do resgate, o local onde ficava o Acampamento Esperança.

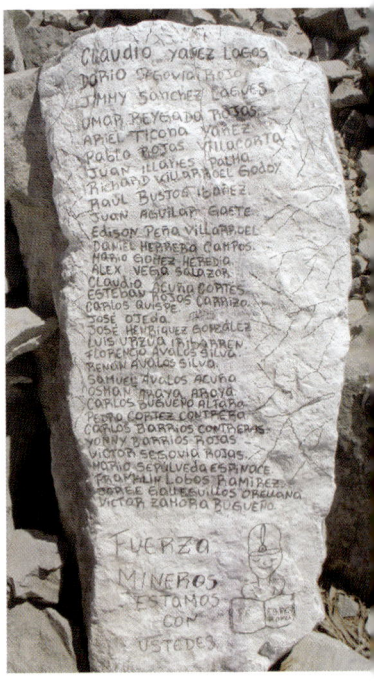

Pedra com os nomes dos 33 mineiros lembra o resgate histórico.

O cabo Robinson Peralta faz a segurança do local onde fica a desativada mina San José. Quando um turista chega, o policial o presenteia com uma pedra que jura ter saído de dentro da mina.

As pedras com os recados que as famílias escreveram para os mineiros lembram a expectativa que tomou conta do Acampamento Esperança.

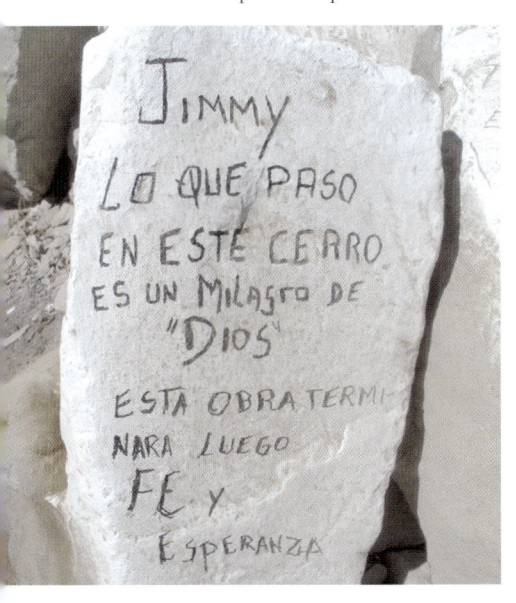

"Jimmy, o que aconteceu nesta montanha é um milagre de Deus. Este trabalho [de resgate] vai acabar logo. Fé e esperança." O recado da família de Jimmy Sanchez, o caçula entre os mineiros, continua no mesmo lugar.

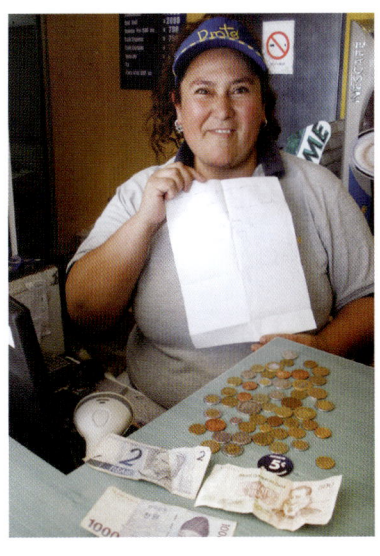

Cláudia Alvarado, funcionária da loja de conveniência do posto de gasolina próximo à mina, mostra o autógrafo de um jornalista chileno e a coleção de moedas e cédulas estrangeiras que juntou na época do resgate.

Rodrigo Carvalho com o mineiro Edison Peña depois de entrevista exclusiva para este livro, em novembro de 2010, em Santiago. Peña, fã de Elvis Presley, estava com os mesmos óculos usados no resgate.

Os 33 heróis ao lado do presidente Piñera.

jamais vão admitir no dicionário. O aspirante a ladrão havia quebrado o vidro do carro para tentar alcançar a maçaneta, abrir a porta e fazer a festa. Não conseguiu. Devia ter braços curtos.

Julinho, Lannoy, Emiliano e eu dividimos alguns dos raros minutos livres daquela cobertura. Na madrugada de segunda-feira, saímos para caçar um restaurante aberto em Copiapó depois de um dia praticamente em jejum no Acampamento Esperança. Paramos em um restaurante chinês, onde, depois do jantar, trocamos alguns minutos de sono por uma boa conversa. Os assuntos, variados, acabavam convergindo para o mesmo tema: o resgate dos 33 homens que estavam prestes a virar heróis nacionais.

A vida dentro da mina

A capacidade de rir da própria desgraça era o maior patrimônio que os 33 mineiros tinham embaixo da terra. As primeiras imagens capturadas no interior da mina San José, num momento em que os trabalhadores já estavam havia quase vinte dias sobrevivendo em um ambiente insalubre e claustrofóbico, mostraram homens incrivelmente bem-humorados. Sorriram, mandaram recados para a família e fizeram piadas. Um deles brincou, dizendo que o amigo não queria sair da mina para nunca mais precisar tomar banho, enquanto outro ria ao bater na careca de um companheiro que tentava aparecer na imagem.

Em terra firme, quem esperava que os mineiros fossem correr para as câmeras em absoluto desespero, chorando e implorando por ajuda, ficou sem entender como aquilo era possível. Dos 69 dias em que ficaram embaixo da terra, os mineiros passaram dezessete sem contato com o mundo exterior. Médicos e psicólogos, na ocasião, foram bem claros: os 33 só aguentaram e reagiram de tal forma porque eram homens acostumados com a adversidade da vida nas profundidades. Se fosse um grupo de turistas, provavelmente a história teria outro fim.

"Os primeiros dezessete dias foram um pesadelo", disse o mineiro Juan Llanes, de 52 anos, depois de ser liberado do Hospital

Regional de Copiapó. Em entrevista concedida ao canal americano CBS quatro dias depois do resgate, o mineiro Mario Sepúlveda revelou que chegou a cogitar a prática do canibalismo.

"Com ou sem comida eu ia sair dali", disse. "Como? Pensei em qual mineiro entraria em colapso primeiro e depois comecei a pensar em como iria comê-lo."

Enquanto Sepúlveda mantinha pensamentos primitivos, outro mineiro, Edison Peña, corria feito um louco pela mina. Apaixonado por esporte, Peña pediu que lhe mandassem sapatilhas e roupas leves — e passou a correr dez quilômetros por dia no refúgio.

Historicamente, a figura do mineiro, não à toa, sempre foi associada a virtudes como força, resistência e bravura. Na minha volta ao Chile — pouco mais de um mês depois do resgate —, conversei com um dos maiores especialistas em mineração do país. O premiado historiador Alejandro Aracena foi taxativo ao dizer que uma antiga cultura da mineração ainda se mantém em algumas jazidas chilenas, principalmente nas pequenas: os mineiros mais novos, quando aparentam cansaço, apanham dos mais velhos para que voltem a produzir. "É cultural", disse o historiador. "Isso é a mineração. É uma realidade dura. O mineiro sempre entra em uma mina sem saber se vai sair, seja por uma explosão, por um terremoto ou qualquer outro tipo de acidente."

"E como é a vida dentro de uma mina de pequeno porte?", perguntei.

"Ainda é muito difícil. Trabalha-se quase o dia todo e, o que é pior, em condições sub-humanas. As latas de comida, por exemplo, ficam lá durante meses. Você acha que os mineiros jogam tudo fora quando o produto passa da validade? Não estão nem aí para isso", afirmou o historiador, autor de um glossário com quinhentas palavras usadas só por mineiros, todas de origem indígena ou inca. "É um grupo que tem um vocabulário próprio."

O historiador acredita que a profissionalização da mineração, ainda que esse seja um processo em andamento, tem trazido um problema que considera grave. "Antigamente, ser mineiro era uma cultura. O pai ensinava aos filhos os perigos de uma mina. Isso se perdeu e, por mais contraditório que possa parecer, me preocupa. Hoje, os mineiros são contratados em praças. Eu já vi isso acontecer. Chegam e perguntam: 'Você quer trabalhar numa mina?'. No dia seguinte, ele está lá dentro, mexendo em dinamites", afirma.

O vigor e a energia dos mineiros já foram retratados diversas vezes no cinema. Quem viu o filme *Diários de motocicleta*, de Walter Salles, deve lembrar que a conversão de Che Guevara de aventureiro rebelde a líder revolucionário começou com a convivência com os mineiros chilenos. No filme, Che presencia o recrutamento de mineiros mestiços por funcionários de uma empresa transnacional. Ao ver que todos trabalhavam em regime de semiescravidão, não muito diferente dos dias de hoje, Che começa sua série de questionamentos sobre tudo que o cerca.

O desmoronamento que bloqueou o acesso à mina San José aconteceu na manhã do dia 5 de agosto de 2010. Com a retirada do excesso de mineral, um bloco de aproximadamente 800 mil toneladas desabou e passou a separar os trabalhadores da superfície. Especialistas ouvidos na época já identificavam o primeiro problema grave: a mina San José tinha apenas uma entrada e saída. Erro básico de segurança. Se houvesse qualquer outra rampa ou poço, os mineiros estariam com suas mulheres e filhos no dia seguinte.

O trabalho de buscas começou no mesmo dia do acidente, e, com ele, a vigília das famílias. Durante as primeiras 48 horas, as equipes de resgate tentaram entrar pelo acesso bloqueado e testemunharam um novo desabamento. O discurso do governo ficou ainda mais pessimista.

"A probabilidade de se encontrar alguém com vida é escassa", anunciou o ministro da Mineração, Laurence Golborne, para desespero e revolta das famílias.

A estimativa dos médicos era de que os trabalhadores não aguentariam mais do que 72 horas. Faltaria oxigênio. A estratégia, então, foi perfurar a terra e, com uma sonda, tentar encontrar algum refúgio. Dezessete dias depois, a surpresa: a sonda voltou para a superfície com um saco plástico amarrado na ponta. Lá dentro, escrito em letras vermelhas, estava o bilhete que entraria para a história: "Estamos bien en el refugio los 33".

Absolutamente eufórico, o presidente do país, Sebastián Piñera, pegou a mensagem e correu ao encontro das famílias e dos jornalistas. Sorriu, levantou a carta e disse pausadamente: "Isto saiu agora das entranhas da montanha, da profundidade de nossa mina, e nos diz que os mineiros estão vivos! Eles estão unidos, esperando para voltar a ver a luz do sol e abraçar os familiares. Hoje, o Chile inteiro chora de alegria e de emoção. Quero agradecer aos mineiros pela força e pela coragem de terem resistido por mais de duas semanas. Sinto-me mais orgulhoso do que nunca de ser chileno e de ser presidente deste país".

Ao encerrar o discurso, Piñera soltou a frase que surgira durante a Guerra do Pacífico, no fim do século XIX, para dar ânimo aos soldados chilenos — e que, hoje, é um dos gritos de guerra mais populares do país:

"Viva Chile, mierda!!!", berrou o presidente.

As famílias desataram a chorar e a se abraçar.

O acampamento ganhou, naquele instante, o sobrenome Esperança.

E a história que mais parecia ter saído das telas do cinema passou a interessar ao mundo inteiro.

Em pouco tempo, o alívio pela sobrevivência foi substituído por uma preocupação: como manter a sanidade dos 33 mineiros embaixo da terra até que o resgate acontecesse?

As primeiras imagens dos trabalhadores, gravadas dias depois, mostraram que todos estavam aparentemente saudáveis, mas visivelmente mais magros. Cada um havia perdido, em média, oito quilos. Durante os dezessete dias em que o mundo não sabia se os mineiros estavam vivos ou se haviam morrido esmagados, os 33 homens racionaram o pouco de comida e bebida que havia na mina. Criaram uma regra que foi decisiva para a sobrevivência do grupo: cada um tinha direito a duas colheradas de atum e a meio copo de leite por dia. Segundo os médicos, se a fome e a sede os tivessem feito consumir tudo logo na primeira semana, certamente alguns não estariam vivos no 17º dia.

Quando os dez litros de água mineral que havia no refúgio acabaram, os mineiros passaram a beber a água suja que escorria das máquinas de refrigeração. No refúgio de 52 metros quadrados, a temperatura chegou aos 39 °C, e a umidade relativa do ar, a 91%. Os olhos ardiam. Havia muita poeira, pouquíssima ventilação e ausência total de luz solar. O risco de infecções e doenças respiratórias era iminente.

À medida que os detalhes do dia a dia dentro da mina foram sendo revelados, o assunto parecia despertar o interesse de mais gente. Os especialistas dizem que a identificação do público com o estresse em confinamentos desse tipo é imediata e absolutamente normal, gerada pelo desconforto e pelo nervosismo de se imaginar em situação parecida.

Considerando a rotina dos 33 mineiros razoavelmente semelhante à de astronautas em missões espaciais, o ministro da Saúde do Chile, Jaime Mañalich, resolveu pedir a ajuda da Nasa. A agência espacial americana elaborou uma dieta que os mineiros deveriam seguir dali em diante, com pequenas quantidades de alimentos condensados riquíssimos em proteínas. Os trabalhadores também receberam uma solução com glicose e comprimidos de Omeprazol, medicamento que reveste o estômago para evitar úlceras decorrentes da falta de alimentação.

Tudo o que ajudou os mineiros a atravessar mais de dois meses de isolamento descera por um tubo de metal de quatro metros de comprimento e dez centímetros de diâmetro: remédios, alimentos embalados em bolsas de plástico a vácuo, água, roupas, chinelos desmontados, colchonetes infláveis, bíblias, crucifixos, imagens de santos, jogos de tabuleiro, livros, revistas de notícias, aparelhos de mp3 etc. Na mina, ouviram de Elvis Presley a Bob Marley.

Alguns mineiros ficaram desesperados pela falta de cigarros. Outros imploravam por bebidas alcoólicas. Ambos foram vetados pela equipe de especialistas da Nasa que foi ao Chile para estudar o comportamento humano em situações-limite. Semanas depois de terem tomado tal decisão, temendo um possível estresse dentro da mina, os médicos resolveram mandar adesivos e chicletes de nicotina para os trabalhadores. Cigarros, não. A fumaça poderia piorar a qualidade do ar dentro do refúgio.

Os mineiros começaram a trocar cartas com suas famílias no dia 25 de agosto, vinte dias após o acidente. A primeira conversa com áudio e vídeo aconteceu quatro dias depois, quando os trabalhadores receberam uma mensagem de apoio do Papa Bento XVI.

A partir dali, câmeras passaram a mostrar — todos os dias — imagens dos 33 mineiros. Parecia um *reality show*, mas era mil vezes pior. No desafio involuntário imposto aos mineiros, não havia a possibilidade de saída imediata. O prazo inicial estimado para o resgate — de três a quatro meses — fora comunicado ao grupo apenas quando os primeiros suprimentos chegaram à mina. A estimativa não era precisa, falava-se que o resgate poderia acontecer só no Natal.

Mesmo diante dessa incerteza, os mineiros se organizaram e reconheceram entre si um líder: o topógrafo Luis Urzúa. Todas as decisões dentro da mina eram tomadas por votação. Urzúa dividiu o grupo em três e determinou tarefas básicas para cada um, como explorar o refúgio para passar informações importantes para a equipe de resgate e manter o local, na medida do possível, limpo. Os mineiros faziam suas necessidades em banheiros químicos esvaziados uma vez por dia. Os dejetos eram enterrados.

Cada trabalhador arrumou um jeito de ocupar a mente enquanto esteve preso. O mineiro Yonni Barrios, de 50 anos, tinha experiência em enfermaria e era quem aplicava injeções e anotava as condições de saúde dos colegas para repassá-las às equipes de resgate. Dois mineiros decidiram colocar no papel o que estavam passando: já com o intuito de publicar um livro, Víctor Segovia, de 48 anos, escrevia relatos em forma de diário, e Víctor Zamora, de 33 anos, era adepto do estilo literário. O "poeta", como passara a ser chamado pelos colegas de refúgio, passava os dias escrevendo poemas para a mulher. O mineiro José Henríquez, de 56 anos, evangélico fervoroso, fora denominado o guia espiritual do grupo. Henríquez comandava duas orações por dia na mina: ao meio-dia e às seis da tarde. No verso da camisa que a maioria dos mineiros usava no dia do resgate, Henríquez escrevera uma passagem do Salmo 95: "Em suas mãos estão as profundezas da terra. E as alturas dos montes são suas".

Não há relatos de brigas físicas dentro da mina, mas, às vésperas do resgate, os trabalhadores tiveram ataques de ansiedade que geraram alguns bate-bocas. O mais sério foi quando cinco mineiros se rebelaram contra o líder Luis Urzúa e decidiram, por conta própria, tentar cavar uma saída. O grupo, ansioso, não estava mais disposto a cumprir ordens. A briga deixou as autoridades chilenas em alerta. Para todos, era crucial que a liderança se concentrasse em uma pessoa. A discussão foi resolvida quando, da superfície, os 33 mineiros escutaram de uma autoridade do governo (não revelada) que deveriam continuar obedecendo às ordens de Urzúa se quisessem que tudo desse certo. O sermão trouxe a paz de volta à mina San José.

"Na verdade, nossa única briga na mina foi por causa de uma camisa mandada pelo craque espanhol (de futebol) David Villa", brincou o mineiro Richard Villarroel, de 23 anos, ao receber alta do hospital.

Durante o tempo em que estiveram presos a 688 metros de profundidade, os mineiros foram devidamente preparados para lidar com a avalanche de perguntas que ouviriam dos jornalistas quando fossem resgatados. O *media training* chegou literalmente ao buraco sob a responsabilidade do jornalista e diretor da Associação Chilena de Segurança, Alejandro Pino. O jornalista conversou com os 33 mineiros por videoconferência e conheceu suas histórias.

"Foi o trabalho mais importante da minha vida", disse na época.

As aulas foram divididas em duas partes: uma simulava entrevistas rápidas, em situações de tumulto, com perguntas difíceis e indiscretas, e a outra provocava os mineiros a falar o máximo possível, como em programas ao vivo de televisão. O trabalho foi duramente criticado ao redor do mundo por ter colaborado para a "espetacularização" do resgate.

"Só queríamos que eles soubessem contar suas histórias de maneira estruturada", explicou o jornalista. Os mineiros não criaram resistência às aulas. Era, no mínimo, mais uma forma de se distraírem enquanto o grande dia não chegava.

O PARTO DA MONTANHA

"Chi-chi-chi! Le-le-le! Los-mi-ne-ros-de-Chi-le!"

Depois de 69 dias preso a quase setecentos metros de profundidade, nas condições mais adversas possíveis, o que você falaria quando finalmente saísse do buraco?
Cantaria "eu... sou brasileiro, com muito orgulho, com muito amor"?
O eufórico "chi-chi-chi..." que cada mineiro gritou ao ser resgatado da mina San José — exceto o boliviano Carlos Mamani — tem um significado histórico impregnado de ufanismo.
A origem está no ano de 1933, muito antes do nascimento do mais velho entre os 33 mineiros. Na época, amigos da maior universidade chilena, a Universidad de Chile, decidiram criar, a caminho de uma tradicional festa que reunia estudantes de arquitetura de todo o país, uma música que identificasse aquele grupo no meio de tantos outros. O refrão dizia: "Chi-chi-chi! Le-le-le! Viva Chile!".
Aos poucos, os versos ganharam o país e viraram um dos mais fortes símbolos da identidade chilena. Nos anos 1980, durante a ditadura do general Augusto Pinochet, a simpática musiquinha ganhou conotação política ao ser adaptada para

"Chi-chi-chi! Le-le-le! Viva Chile y Pinochet!". O nome do ditador acabou sendo abolido da letra depois que o militar saiu do poder, em 1990.

Atualmente, a original "Chi-chi-chi! Le-le-le! Viva Chile!" é o maior hino popular do país, cantado frequentemente em escolas, festas de feriados nacionais e estádios de futebol. Há até uma palavra no dicionário chileno para defini-lo: *ceacheí*.

Ceacheí: grito coreado que se profiere para alentar a algún representativo de Chile en una competencia [grito usado para animar algum representante do Chile durante uma competição].

Na madrugada de 13 de outubro de 2010, o maior resgate da história da mineração fez o grito de guerra ganhar uma nova adaptação, que grudou na cabeça de milhões de pessoas mundo afora:

"Chi-chi-chi! Le-le-le! Los-mi-ne-ros-de-Chi-le!"

Julinho e eu saímos do hotel em Copiapó no fim da manhã de terça-feira, 12 de outubro, sem reserva para o dia seguinte, por causa da lotação, prontos para virar a noite no Acampamento Esperança. O primeiro resgate estava programado para as 20h.

Nossa base no Rio de Janeiro sabia que o esquema de trabalho seria puxado e nos deu, então, um tempo livre pela manhã. Foi o suficiente para descansar um pouco, tomar um café reforçado e comprar um sanduíche para o almoço. Pude também me preparar para a transmissão que estava por vir, verificando e organizando as informações.

Os detalhes da chamada "Operação São Lourenço", uma referência ao santo patrono dos mineiros, foram divulgados com antecedência. Já se sabia, por exemplo, que os 33 homens —

mesmo os que fossem resgatados à noite — sairiam da mina com óculos escuros com lentes especiais capazes de filtrar qualquer tipo de luminosidade, além de um macacão impermeável e antitranspirante.

Os mineiros seriam içados por uma cápsula, criada pela Marinha chilena, de 450 quilos, quatro metros de altura e 53 centímetros de diâmetro, batizada de Fênix 2. O míssil antimorte fora milimetricamente elaborado ao longo de mais de dois meses e pintado com as cores da bandeira do país.

Sempre existiu, por parte dos médicos, o medo de que um dos mineiros tivesse um ataque de pânico dentro da cápsula. A equipe chegou a pensar em sedar os trabalhadores, mas a ideia logo foi descartada. Era preciso mantê-los atentos, capazes de escapar pela parte de cima da Fênix, uma espécie de saída de emergência, se algo desse errado. Os mineiros tinham pouca mobilidade dentro da cápsula; não podiam mexer as pernas. Caso um deles desmaiasse, por exemplo, a circulação poderia ser interrompida, e o resgate acabaria em morte. Para isso, a máquina havia sido bem equipada: tinha luz no teto, tubos de oxigênio e um sistema de aferição dos sinais vitais de alta tecnologia. No capacete, câmeras e microfones foram instalados para qualquer emergência.

Para que coubessem na cápsula, os 33 homens, gordinhos ou não, foram submetidos a exercícios físicos e a dietas especiais nos dias que antecederam o resgate.

A Fênix viajaria pelo túnel de 66 centímetros de diâmetro cavado pela perfuradora T-130 ao longo de 33 dias. Para evitar desmoronamentos, a equipe de resgate revestiu 96 metros do túnel com metal.

Um sinalizador luminoso e uma sirene de ambulância indicariam o momento da chegada de cada mineiro à superfície para alertar as equipes médicas. O primeiro atendimento seria feito num contêiner adaptado com equipamento hospitalar, próximo ao ponto de saída. Em caso de extrema urgência, o mineiro seria transferido de helicóptero para o Hospital Regional de Copiapó. Um corredor de cinquenta metros ligava o ponto de saída da mina ao hospital de campanha montado no próprio Acampamento Esperança, onde os mineiros que não precisassem de cuidados emergenciais ficariam por duas horas. Lá, seriam tratados com soro fisiológico, fariam um exame odontológico e receberiam um rápido atendimento de psicólogos.

Do hospital de campanha, o mineiro iria para a chamada "zona de descanso": um outro contêiner com mesa e cadeiras, onde o trabalhador poderia receber no máximo três parentes. O número limitado era para que não houvesse uma sobrecarga emocional. Depois, finalmente seriam levados para o Hospital de Copiapó, onde, independentemente do estado clínico, passariam no mínimo 24 horas em observação.

A terça-feira estava linda em Copiapó. Céu azul, temperatura agradável e cara de feriado. Na pracinha lotada, gravamos imagens e mostramos a festa dos moradores que acompanhariam os resgates por um telão. Vendia-se tudo que é tipo de bugiganga com imagens dos 33 mineiros. Bonés, canecas, bandeiras, cartazes. A cidade faturava 15% a mais do que nos dez primeiros meses daquele ano.

Fizemos a viagem de carro do centro da cidade ao Acampamento Esperança com a calma necessária para curtir a deliciosa sensação de estar a caminho de testemunhar e registrar uma história rara. Julinho, cinegrafista experiente, com coberturas de peso nas costas, mostrava o entusiasmo de um iniciante como eu. Estávamos em sintonia. E foi nesse clima que chegamos ao acampamento no dia 12 de outubro de 2010.

No Brasil, era — de fato — feriado, dia de Nossa Senhora Aparecida. No acampamento, a reza era forte. As crianças, agitadas, jogavam frescobol e corriam de um lado para o outro. Os voluntários, inquietos, penduravam balões coloridos nas barracas como se estivessem preparando uma festa-surpresa. O acampamento com cara de cidade começava a ganhar uma avenida. Policiais demarcavam o espaço com grades, abrindo uma rua no meio do deserto. Era por ali que passaria o presidente boliviano Evo Morales, que havia confirmado presença na festa chilena para prestigiar a saída do conterrâneo que estava na mina. Três televisores de LCD foram colocados em pedestais estrategicamente posicionados. A estatal chilena mostrava imagens ao vivo do acampamento. Dois policiais conversavam perto da sala de imprensa.

"Será que vamos passar o próximo fim de semana com as nossas famílias?", perguntou um deles, visivelmente extenuado.

O cheiro de comida gostosa fazia o povo ir até a porta do refeitório, feito zumbi, perguntar pelo prato do dia.

"Ainda estamos refogando o arroz!", ouvi de uma das cozinheiras.

Os jornalistas estavam mais chatos e ansiosos do que de costume. Pressionavam as famílias e as autoridades a falar qualquer asneira que julgavam ser notícia. Digo isso porque vi exageros evidentes. Em certo momento, um repórter de origem inglesa fez uma pergunta piegas sobre choro e saudade à mulher de um dos mineiros. A entrevistada estava visivelmente emocionada, mas não foi às lágrimas durante a resposta, como certamente queria o repórter. Ele, calado e com cara de triste, continuou por alguns segundos com o braço esticado e o microfone apontado para a mulher, como se ainda estivesse esperando pelo choro. Ela, constrangida diante daquele silêncio, ao invés de chorar, começou a rir e foi embora.

Das primeiras informações que surgiram naquela tarde de terça-feira, a mais relevante dava conta de que apenas os parentes próximos, dois ou três, seriam autorizados a ir até a boca da mina para ver o resgate de perto, ao lado do presidente Sebastián Piñera, do ministro da Mineração, Laurence Golborne, e dos chefes da equipe de salvamento.

Perto do refeitório, um telão e um sistema de som haviam sido montados para que os outros familiares acompanhassem os resgates. A imprensa ainda não sabia onde ficaria. A resposta veio no início da tarde e frustrou muita gente. Uma plataforma com um quê de arquibancada fora montada no alto de um morro, a quase trezentos metros de distância da mina. A visão dos jornalistas era privilegiada, estávamos de frente para toda a parafernália, mas daquele ponto nem as lentes mais poderosas conseguiriam captar detalhes do resgate. Eu, ingênuo e contaminado pelo cinismo jornalístico, jurava que fosse ficar perto da mina. Se bobeassem, eu pensava, esticaria o microfone e pegaria alguma palavra do mineiro resgatado. Os repórteres, no entanto, seriam obrigados a acompanhar tudo da mesma forma que você, leitor: pela TV.

A Televisão Nacional do Chile (TVN), empresa pública de comunicação, teve exclusividade para trabalhar dentro do cordão de isolamento. Se o cinegrafista chileno tivesse uma ziquizira segundos antes do resgate, nada teria sido registrado. A Secretaria de Comunicação do Chile argumentou, com razão, que seria impossível que todos os jornalistas credenciados acompanhassem o resgate *in loco*, perto do túnel de onde sairia a cápsula Fênix.

A liberação para que as equipes se posicionassem na plataforma veio às 16h30. Garantimos o nosso lugar, e, apesar da distância, foi de frente para a mina que tive a real dimensão do tamanho daquela megaoperação de resgate. As máquinas, imensas, impressionaram a mim, a Julinho e a todos os que estavam ali perto. A parafernália provava do que a engenharia moderna é capaz. Aproveitei o momento para gravar um *flash* mostrando a aglomeração dos jornalistas e a nossa visão da mina San José. Depois, com o território devidamente marcado, voltamos para o acampamento para acompanhar a expectativa das famílias.

Enquanto preparava uma entrada ao vivo por telefone, vi que um integrante da equipe de resgate, com quem eu conversava frequentemente para confrontar informações, andava apressado em direção à mina. Fui até ele, que, em *off* (sem querer gravar), me passou o nome do primeiro mineiro a ser resgatado.

"Será Florencio Ávalos", me garantiu.

A lista oficial com a ordem de saída dos trabalhadores ainda não tinha sido divulgada. Fui atrás da família de Florencio, cujo pai, Alfonso Ávalos, eu havia conhecido no primeiro dia de acampamento. Perguntei se estava sabendo da notícia, e ele, um pouco surpreso, me disse: "Um homem me avisou sobre essa possibilidade mais cedo. Só que ainda não é nada oficial".

Gravei uma entrevista com Alfonso, gerei o material para o Brasil e liguei para a redação contando toda a história. Seguraríamos a entrevista até que houvesse a confirmação oficial. Demos sorte. Pouco depois, o presidente Piñera foi ao púlpito e, durante um rápido discurso, anunciou, ao lado da primeira-dama Cecilia Morel, que Florencio Ávalos seria o primeiro a sair da mina San José. Nossa entrevista foi ao ar no minuto seguinte.

"A fé moveu montanhas", poetizou o presidente ao encerrar o discurso.

A ordem completa de saída dos 33 trabalhadores foi divulgada logo depois. A lista — dividida em três grupos — seguiu critérios estabelecidos pela equipe médica: primeiro, sairiam os mineiros que estavam em melhores condições físicas, que poderiam agir rápido caso houvesse algum problema; depois, os mais debilitados, como hipertensos e diabéticos; por último, os que aliavam força física com preparo psicológico, aqueles capazes de aguentar o estresse de ficar mais tempo na mina.

Esta foi a ordem de saída divulgada no fim da tarde de quarta-feira.

Grupo 1
1º Florencio Ávalos: 31 anos, capataz, casado. Irmão de Renan, outro mineiro preso sob a terra.
2º Mario Sepúlveda: 40, eletricista, casado. O porta-voz do grupo.
3º Juan Illanes: 52, mineiro, casado. Veterano do conflito fronteiriço entre Chile e Argentina em 1978.
4º Carlos Mamani: 23, operador de máquinas pesadas, casado. Boliviano e único estrangeiro do grupo. Aceitou o convite do sogro para trabalhar na mina cinco dias antes do acidente.

Grupo 2
5º Jimmy Sánchez: 19, mineiro, solteiro. O caçula do grupo.
6º Osmán Araya: 30, mineiro, casado. Trabalhava havia quatro meses na mina San José.
7º José Ojeda: 46, encarregado de perfuração, viúvo. Autor do histórico "Estamos bien en el refugio los 33".

8º   Claudio Yáñez: 34, operador de máquina, solteiro. No buraco, prometeu casar-se com a namorada quando saísse.
9º   Mario Gómez: 63, motorista, casado. O mais velho do grupo.
10º Alex Vega: 32, mecânico de máquinas pesadas, casado. Eleito pelo grupo o mais bem-humorado.
11º Jorge Galleguillos: 56, mineiro, casado. Sofre de hipertensão.
12º Edison Peña: 34, mineiro, solteiro. O atleta da mina. Corria dez quilômetros por dia no refúgio.
13º Carlos Barrios: 27, mineiro, solteiro. Taxista nas horas vagas.
14º Víctor Zamora: 33, mecânico, casado. Deu uma de poeta na mina.
15º Víctor Segovia: 48, eletricista, casado. Encarregado de registrar por escrito o que ocorria na mina.
16º Daniel Herrera: 37 anos, motorista de caminhão, casado. Ganhou, na mina, o apelido de "mimado", por só falar da mãe.

Grupo 3
17º Omar Reygadas: 56, eletricista, casado. O azarado. Em trinta anos de profissão, já tinha ficado preso três vezes numa mina, uma delas na San José.
18º Esteban Rojas: 44, encarregado de manutenção, casado. Casado no civil havia 25 anos, prometeu à mulher casar na igreja assim que saísse. Primo de Pablo Rojas e Darío Segovia.
19º Pablo Rojas: 45 anos, encarregado de explosivos, casado. Um dos mais comunicativos do grupo.
20º Darío Segovia: 48 anos, operador de máquina, casado. Trabalha em minas desde os oito anos.
21º Yonni Barrios: 50, eletricista, casado. O enfermeiro do grupo.

22º Samuel Ávalos: 43, mineiro, casado. Não é parente de Florencio nem de Renan.
23º Carlos Bugueño: 27, mineiro, solteiro.
24º José Henríquez: 54, encarregado de perfuração, casado. Guia espiritual do grupo.
25º Renan Ávalos: 29, mineiro, solteiro. Irmão de Florencio Ávalos.
26º Claudio Acuña: 35, operador de perfuradora, solteiro. Comemorou aniversário dentro da mina.
27º Franklin Lobos: 53, motorista, solteiro. Ex-jogador profissional de futebol com passagem pela seleção chilena.
28º Richard Villarroel: 27, mecânico, solteiro. A namorada, grávida de nove meses, teve que deixar o acampamento para ter o primeiro filho do casal.
29º Juan Aguilar: 49, supervisor, casado. Era o supervisor da mina San José.
30º Raúl Bustos: 40, mecânico hidráulico, casado. Trabalhou no porto de Talcahuano, destruído pelo *tsunami* posterior ao terremoto de 27 de fevereiro de 2010.
31º Pedro Cortez: 24, eletricista, solteiro. Amigo de infância do mineiro Carlos Bugueño.
32º Ariel Ticona: 29, motorista de máquina pesada, casado. Sua filha, Esperanza, nasceu durante o tempo em que o pai esteve preso na mina.
33º Luis Urzúa: 54, topógrafo, casado. O chefe do grupo.

Às 18h, o *Em Cima da Hora* apresentado por Leilane Neubarth entrou no ar e deu o pontapé para uma transmissão ininterrupta que durou, ao todo, 33 horas.

Este foi o texto de abertura do jornal:

Os olhos do mundo voltados para o Chile.
O drama que começou há mais de dois meses está perto do fim.
A retirada dos 33 trabalhadores presos a mais de seiscentos metros de profundidade na mina de cobre e ouro deve começar a qualquer momento.
O presidente do Chile, Sebastián Piñera, acaba de confirmar que o mineiro Florencio Ávalos, de 31 anos, vai ser o primeiro a ser resgatado.
Os enviados especiais da Globo News ao Chile, Rodrigo Carvalho e Julio Aguiar, conversaram com o pai de Florencio.
"Estamos contentes, nervosos e ansiosos por este momento que tanto esperamos..."
O ministro da Mineração disse que espera terminar o dia com pelo menos um dos mineiros já do lado de fora.
Os trabalhos devem durar 48 horas.

Desde o início, todos os tipos de prazos estipulados pelas autoridades chilenas não haviam se confirmado. O efeito mais grave disso era a vulnerabilidade emocional das famílias, que oscilavam de humor, dormiam mal e se revoltavam com as informações imprecisas.

Nós, jornalistas, ficávamos com os horários ainda mais restritos. Um e-mail mandado no dia 11 de outubro, segunda-feira, pela editora Aline Rabello para a chefe de plantão Márcia Monteiro mostra como fica a vida de um jornalista em uma grande cobertura factual.

Márcia,
Rodrigo avalia que dá pra voltar para o hotel à noite, gerar para o JIO (Jornal das Dez) e estar de volta em Copiapó antes do amanhecer, por volta de 4 da manhã de terça. Ele e o cinegrafista

já acertaram este esquema. Claro que, se ele sentir que há necessidade de dormir lá, vão ficar. Mas, a princípio, se o resgate começar amanhã, será apenas entre o fim da tarde e o início da noite.

Não que eu esperasse outra coisa. Seria assim — confuso, corrido — com ou sem bateção de cabeça das autoridades chilenas.

Enquanto a ordem de saída dos mineiros era divulgada no telão do acampamento, com foto e idade de cada um — como se fosse o anúncio dos convocados da seleção chilena para a Copa —, o frio apertava no Deserto do Atacama. Falava-se em 8 °C. O nariz entupiu, espirrei feito um louco e fui ao carro preparar um kit-resgate: uma mochila com casacos, água, barras de cereal, carregadores de telefone e *laptop*.

Sentei em um pedaço de papel sobre o chão pedregoso, de frente para a mina San José e, dali, participei por telefone, ao vivo, dos jornais do início da noite. A bateria do *laptop* aguentou duas horas. O telefone ficava carregando direto no computador, mas as longas ligações faziam a carga não sair da casa dos 50%.

Trabalhar em uma cobertura desse porte para um canal de notícias como a Globo News obriga o repórter a mergulhar no assunto. Se eu não estava gravando entrevistas e imagens para a matéria do *Jornal das Dez* ou para o *Sem Fronteiras*, estava entrando ao vivo por telefone para atualizar as informações. A conversa com o apresentador era frequentemente interrompida por uma pergunta-surpresa de correspondentes ou especialistas nos estúdios do Rio de Janeiro, de São Paulo ou de Nova York. Em uma mesma cobertura, era preciso usar linguagens distintas. A imagem que poderia funcionar bem para abrir a reportagem do *Jornal das Dez* talvez não fosse ideal para ser descrita pelo telefone.

Quando a noite chegou, começou a ventar, e o frio ficou perto do insuportável. Fui para uma tenda montada atrás da plataforma. Não havia cadeiras livres, mas o calor humano era convidativo. Consegui uma tomada para carregar o *laptop* e sentei no chão, num canto de onde dava para ver a televisão ligada no canal da estatal chilena. Enquanto eu falava, sabia exatamente o que os assinantes da Globo News estavam vendo em casa. A partir dali, pude fazer referências a um ou outro detalhe da imagem.

Na tenda lotada, jornalistas do mundo inteiro estavam pendurados ao telefone falando as mais diversas línguas. O lugar era escuro. A luz dos monitores dos *laptops* iluminava a cara dos repórteres. Alguns narravam os preparativos do resgate como se estivessem num jogo de futebol.

Uma repórter chilena, simpática, me disse que sairia por um tempo do lugar onde estava e me ofereceu sua cadeira.

"Podemos nos revezar", disse em ótimo português.

Aproveitei um pouco o conforto de um banco sem encosto e reparei que, ali perto, os apresentadores da CNN, ao vivo, entravam e saíam de uma cápsula Fênix genérica, de papelão, que havia sido montada pela produção. Mostravam como era apertada, faziam piadas e ganhavam audiência.

"Bem coisa de americano", resmungou um jornalista argentino soltando fumaça pela boca a cada sílaba que pronunciava.

A agonia pré-resgate se estendeu até as 22h, quando finalmente começaram os testes finais com a cápsula. No primeiro, a Fênix 2 desceu vazia pelo túnel e sofreu um dano na porta. Seis ou sete marteladas resolveram o problema, que, segundo o engenheiro-chefe do resgate, não era grave. O segundo teste — não tripulado — foi perfeito. O início dos trabalhos estava autorizado.

Às 23h18, horário de verão local — o mesmo de Brasília —, milhões de pessoas acompanharam a descida do primeiro especialista em operações de resgate à mina San José.

"Chegou a hora da verdade. Você está tranquilo?", perguntou o presidente Piñera a Manuel Gonzalez, profissional com doze anos de experiência na Corporação do Cobre (Codelco). Gonzalez balançou a cabeça em sinal de positivo e continuou ouvindo. "Muita sorte, que Deus o acompanhe. E traga os mineiros de volta", pediu o presidente.

"Assim vamos fazer, presidente."

"Força, irmão!", gritou um de seus companheiros de equipe.

Gonzalez entrou na Fênix e fez história ao mergulhar para o fundo da terra.

As imagens internas da mina mostravam os 33 trabalhadores de pé, esperando ansiosos pela chegada da tão aguardada visita. Gonzalez foi recebido calorosamente pelos anfitriões e fez o que milhões de pessoas gostariam de ter feito naquele momento: deu um longo e forte abraço em cada um dos 33 caras. Depois, passou as primeiras instruções.

Na tenda onde estávamos, em meio aos aplausos eufóricos dos jornalistas, um repórter britânico, agitado, pediu silêncio para tentar ouvir o que se passava dentro da mina. Em vão. O burburinho era grande e, àquela altura, irreversível.

A chegada de um 34º homem ao refúgio foi a certeza da saída dos 33 mineiros.

Enquanto Florencio Ávalos se preparava para subir, saí de onde eu estava, desliguei o telefone e fui me posicionar de frente para a mina para gravar com Julinho o primeiro parto da montanha chilena.

Pouco antes da meia-noite, Florencio — casado, 31 anos, pai de dois meninos — vestiu o macacão, olhou para trás, deu um até logo para os colegas e entrou na cápsula.

Dedico o restante desta página em branco para o leitor, assim como eu, imaginar o que se passou pela cabeça desse camarada durante os quinze minutos em que ficou sozinho, apertado dentro da cápsula, sem saber o que lhe esperava do lado de fora.

Quando o barulho da engenhoca já podia ser ouvido da superfície, uma sirene disparou no acampamento. Era o aviso que todos esperavam. O pequeno Byron, de sete anos, filho mais novo de Florencio, começou a chorar copiosamente de emoção.

À 00h12 de quarta-feira, 13 de outubro, a porta da cápsula Fênix foi aberta, e Florencio Ávalos entrou para a história: renasceu depois de setenta dias engolido pelo deserto. Foi ovacionado.

Saiu calado e de cabeça erguida. O filho, soluçando, correu e pulou no pescoço do seu super-herói. Ficou ali por dez segundos, sem largar, tentando falar que o amava e ouvindo os aplausos dos que estavam em volta.

Eu, contagiado com a cena linda e cheio de vontade de ligar para o meu pai, peguei o microfone e gravei com a festa na mina de pano de fundo:

Agora, sim!... Depois de setenta dias, finalmente o momento que todos esperavam acontece agora. Florencio Ávalos é o primeiro dos 33 trabalhadores a ser resgatado lá da mina San José! Foi... um longo trabalho... e essa grande operação de resgate acaba de entrar para a história!

Abracei Julinho e passei dez minutos tentando sabe-se lá por que fazer a ficha cair. Desisti rápido. Como num jogo de futebol, me vi chorando e abraçando e sendo abraçado por desconhecidos.

Felicidade generalizada no Acampamento Esperança: Florencio Ávalos finalmente estava livre; sua mulher, Mônica, tinha o marido de volta — e provavelmente com uma libido sem precedentes na história do casal; as famílias dos outros mineiros passaram a não ter dúvidas de que tudo daria certo; os jornalistas tinham pela frente 32 ótimas notícias em sequência; Piñera e seus ministros comemoravam o natural ganho político que teriam com o sucesso do resgate. A história que será contada para sempre, sob os mais diferentes olhares, acontecia diante dos nossos olhos e só estava no começo.

Já era 1h07 quando a terra deu à luz mais um homem condenado. Mario Sepúlveda berrava das entranhas da montanha e podia ser ouvido de fora da mina.

"Vamos, vamos!!!", gritava o mineiro na cápsula à medida que se aproximava da superfície.

Quando saiu da jaula, Sepúlveda, de 39 anos, não sabia por onde começar. Afoito e sorridente, deu um abraço apertado na mulher e, como quem volta de uma viagem, anunciou que tinha presentes. Tirou da bolsa umas dez rochas que havia trazido do fundo da mina e as distribuiu a todos.

"Não reparem, são lembrancinhas!", disse, provocando gargalhadas e aplausos.

Sem parar de sorrir, pilhado, ligado em 220 volts, abraçou o presidente Piñera, brincou com a primeira-dama e correu para a equipe de resgate com uma disposição invejável, puxando o grito de guerra:

"Ceacheí!!! Chi-chi-chi! Le-le-le! Los-mi-ne-ros-de-Chi-le!!!"

Ninguém mostraria mais saúde e animação do que Mario Sepúlveda.

De longe, deu para ver que, no acampamento, a turma de jornalistas que preferiu acompanhar os resgates nas barracas, ao lado das famílias, passava aperto. Uns se debruçavam sobre os outros numa disputa insana para captar o melhor gesto, a melhor reação. Decidi descer e ver como estava o trabalho por lá.

Exatamente uma hora depois da saída de Sepúlveda, o mineiro Juan Illanes, ex-militar de 52 anos que já havia decidido deixar o trabalho na mina, foi resgatado. Com a barba feita e o bigodão devidamente à mostra, Illanes — bem-humorado — estranhou ter que deitar em uma maca para receber os primeiros atendimentos. Na barraca da família, os parentes que tiveram que acompanhar o resgate pela TV não paravam de chorar. Deixavam-se fotografar com bom humor e paciência.

Milhões de brasileiros contavam mineiros chilenos como contam carneirinhos para dormir. Às 3h09 de quarta-feira, o boliviano Carlos Mamani já estava quase em terra firme. Segurando uma bandeirinha da Bolívia na mão esquerda, com a famosa cara de tacho, Sebastián Piñera fazia as vezes de Evo Morales. Não havia notícias do presidente boliviano desde o início da tarde. Prometera chegar, não marcou hora e causou constrangimento.

Ao lado do presidente chileno estava a mulher de Carlos Mamani: a maquiada Verónica. Foi ela quem me disse no Acampamento Esperança, dias antes do resgate, que fazia questão de estar linda para o marido para poder "beijá-lo e abraçá-lo". É bem verdade que a beleza de Verónica estava um pouco prejudicada pelo capacete branco que fora obrigada a usar, mas ela estava ali, só sorrisos, e cheia de amor para dar.

Ao sair da mina, Carlos Mamani se ajoelhou, apontou para o céu e agradeceu a Deus. Antes que os operários tirassem o equipamento de proteção do mineiro, Verónica correu na direção do marido e deu-lhe um beijo apaixonado, intenso o suficiente para fazer o capacete dela cair no chão e deixar as autoridades sem graça.

"Ohh...", se derreteram todos no Acampamento Esperança diante do telão.

Depois de ver a cena de amor, adiantei um pouco o texto da reportagem do dia seguinte, e, às 4h, finalmente fomos descansar. Ninguém estava autorizado a sair do acampamento. Para qualquer emergência, o caminho deveria ficar livre até que o último mineiro fosse resgatado. Restava, então, dormir no carro.

Até a adrenalina baixar já eram 4h30. Consegui engatar um ou outro cochilo e, nos intervalos, coloquei as ideias no lugar. Julinho, macaco velho, dormiu feito um bebê.

Decidi levantar pouco antes das 7h. Moído, torto e precisando de um daqueles óculos de proteção dos mineiros, encarei a neblina, me espreguicei e fui escovar os dentes. Ali perto, o jornalista Caco Barcellos — à frente da equipe do *Profissão Repórter* no Chile — mostrava que ser experiente é, também, saber dormir em um carro pequeno como se estivesse em uma cama *king size* de molas italianas.

Não acompanhei os resgates de três mineiros durante a madrugada. Vi um pouco depois, pela internet, que o mais novo do grupo, Jimmy Sánchez, exibiu com orgulho a bandeira do time Universidad de Chile. Osmán Araya, de trinta anos, foi o primeiro a sair chorando. José Ojeda, de 46 — o homem que escreveu a histórica mensagem "Estamos bien en el refugio los 33" —, saiu na dele, quieto e comedido.

Os resgates aconteciam da melhor maneira possível. Apenas o intervalo entre o quinto e o sexto mineiro é que fora mais longo que o normal. Enquanto 28 trabalhadores e três socorristas conversavam dentro do refúgio à espera do resgate, a equipe responsável pela manutenção da Fênix 2 fazia reparos nas peças afetadas pelas paredes da rocha. Tudo dentro do previsto. O cronograma de salvamento não sofreu atrasos, e o trabalho continuou.

O resgate de cada mineiro durava, ao todo, uma hora. O tempo de viagem do refúgio à superfície variava: no início era de vinte minutos, e, mais tarde, chegou a doze. Mas já dava para calcular de cabeça todo o processo. Àquela altura, as TVs se davam ao luxo de anunciar a saída do mineiro para depois do intervalo comercial.

Por volta das 9h, fui comunicado que a Globo News havia comprado três espaços de dez minutos para entrarmos ao vivo não mais por telefone, mas com áudio e vídeo, via satélite, durante aquele dia. Participaríamos das edições de dez da manhã e seis da tarde do *Em Cima da Hora* e do *Jornal das Dez*.

Enquanto eu procurava um lugar calmo para preparar a primeira entrada ao vivo, eis que surgiu o presidente boliviano Evo Morales, mais atrasado do que uma noiva. Cinco horas depois do resgate do boliviano Carlos Mamani, Morales apareceu no acampamento como se estivesse abafando.

"É a síntese do quão atrasada é a Bolívia de Morales", espinafrou um jornalista canadense.

Morales acompanhou a saída do mineiro chileno Jorge Galleguillos, décimo primeiro a ser resgatado e, depois, ao lado de Piñera, visitou o boliviano Mamani na enfermaria. Prometeu-lhe uma casa, um trabalho na Bolívia e saiu na foto ao lado do mineiro.

O atraso de Morales, claro, foi comentado durante a nossa primeira entrada ao vivo. Na conversa com os apresentadores Raquel Novaes e Luciano Cabral, mostrei detalhes do acampamento e entrevistei Alejandra Reygadas, uma das filhas do mineiro Omar Reygadas, décimo sétimo a ser resgatado. Conversamos enquanto o décimo terceiro, Carlos Barrios, viajava na cápsula.

"Assim que a gente acabar aqui, já vou correndo lá para a área restrita esperar o resgate do meu pai", disse a simpática Alejandra, ao vivo, enquanto mais um mineiro ganhava liberdade.

O clima no Acampamento Esperança naquela manhã de quarta-feira era celestial. Cúmplices de uma história do bem, todos no acampamento sorriam e se cumprimentavam com o olhar. Mas faltava alguma coisa. Há uma frase do escritor inglês Aldous Huxley que diz: "Depois do silêncio, o que mais se aproxima de expressar o inexprimível é a música". Pois faltava música ao Acampamento Esperança. Cheguei a pensar em dar uma de cosmopolita egoísta e ir sentar em algum canto para ouvir uma ou duas faixas do meu iPod. Mas não combinava com a situação. Foi quando uma santa alma, não se sabe quem, prezou pela coletividade: tirou o áudio da transmissão da estatal chilena e colocou uma música instrumental, essencialmente latina, que deixou o ambiente perfeito! Foi a trilha sonora ideal para se juntar às imagens dos reencontros que víamos pelas televisões espalhadas pelo acampamento.

Cheguei a falar sobre esse momento em uma das minhas entradas ao vivo por telefone, mas não devo ter conseguido passar um centímetro do que senti. Deve ter sido até meio brega. Faz parte. Alguém deve ter entendido.

Curti mais um pouco aquela cena, e um ronco na barriga me fez voltar ao mundo real. Já estávamos havia alguns dias sem uma refeição que honrasse tal nome.

Eu e Julinho salivávamos, delirando com feijoadas, estrogonofes, peixadas e churrasco quando, às 11h34, entre um resgate e outro, tocou o telefone de Evo Morales, que estava ao lado do buraco por onde saía a cápsula Fênix. Era o companheiro Luiz Inácio Lula da Silva querendo, na verdade, falar com Piñera. O áudio era captado ao vivo pela estatal chilena, o que deu àquilo que era para ser um papo entre amigos um tom de discurso em palanque.

"Companheiro Lula, muito obrigado pela ligação. Vou lhe passar para o companheiro Piñera", disse Morales.

O chileno logo pegou o telefone e, sem dar tempo para Lula falar uma palavra sequer, já foi agradecendo com frases que pareciam memorizadas.

"Presidente Lula, em nome de todos os chilenos lhe agradeço muito pelas palavras e pelos parabéns. Estamos vivendo um dia desses que não vamos esquecer nunca mais em nossas vidas: de emoção, de alegria, de esperança, de força, de companheirismo e de fé. Lembre-se, Lula: estamos te esperando no Chile! Tchau, Lula!", encerrou o presidente, num show de espontaneidade.

Foi a deixa para minha fome gritar de novo.

Uma rota alternativa havia sido liberada para quem quisesse sair de carro do acampamento. Fomos almoçar, então, eu, Julinho e outros dois grandes companheiros de cobertura: o repórter Rodrigo Lopes, do grupo de comunicação RBS — afiliada da Rede Globo no Sul do país —, e o estudante Alvaro Andrade. Rodrigo estava produzindo conteúdo para quatro "clientes": jornal *Zero Hora*, Rádio Gaúcha, RBS TV e *zerohora.com*. Alvaro, hoje repórter da Rádio Gaúcha, fora ao Chile depois de ter vencido o concurso "Primeira Pauta", promovido pelo *Zero Hora*, que teve a participação de mais de cem estudantes de jornalismo. O prêmio era acompanhar um repórter em uma grande cobertura. E lá estava Alvaro no Chile, atualizando o Twitter, tirando fotos e, mais tarde, até fazendo entradas ao vivo para a rádio.

Fomos almoçar e dar uma espairecida em um restaurante, de frente para a praia, na cidade de Caldera. De entrada, *empanadas* de frutos do mar. No prato principal, peixe frito, arroz e batata *souté*.

Aproveitamos o tempo livre depois do almoço para ir atrás de um lugar para passar a noite. Rodrigo e Alvaro clamavam por uma cama: assim como tantos outros jornalistas, estavam dormindo em barracas no próprio Acampamento Esperança. Fomos a três ou quatro hotéis em Caldera, mas estavam todos lotados. Num deles, o dono nos disse que conseguiria uma casa de dois andares para alugar. Fomos conhecê-la. Ficava numa rua tranquila e era mesmo espaçosa. Negócio fechado.

Quando voltamos para o acampamento, no início da tarde, o assunto do momento era uma fofoca amorosa que acabou sendo comentada em todo o planeta. O mineiro-enfermeiro Yonni Barrios, de 50 anos, responsável por aplicar injeções e preparar relatórios sobre o estado de saúde dos companheiros de refúgio, estaria diante de um imbróglio sentimental tão logo saísse da cápsula Fênix. A mulher com quem Barrios já era casado havia 28 anos, Marta Salinas, se recusou a ir ao acampamento no dia do resgate esperar pelo marido. É que, na semana anterior, Marta se viu chorando pelo mesmo homem que Suzana Valenzuela, "a outra". Revoltada, a mulher decidiu sumir. Não sem antes jogar a raiva no ventilador. Contou sobre a traição até para a primeira-dama chilena Cecilia Morel.

"A primeira-dama concordou com a minha decisão de não continuar no acampamento. Melhor deixar que ela (a outra) fique lá tranquilamente", afirmou, na época, ao jornal chileno *El Mercurio*.

Não se sabe se o conselho da primeira-dama vinha de quem tinha experiência no assunto, mas o certo é que a amante, com o caminho livre, recebeu o doutor-garanhão aos beijos e abraços assim que ele saiu da cápsula Fênix. Chorou no ombro do mineiro infiel durante um minuto cronometrado. Ele, atordoado, ficou sem reação, ao vivo, para todo o mundo.

A mulher traída não quis nem ver o resgate pela televisão. "Estou feliz que ele tenha sobrevivido, é um milagre de Deus. Mas não quis assistir. Ele até me pediu, mas acontece que pediu a mesma coisa àquela outra senhora. E eu sou uma mulher decente. A coisa foi clara: ou ela, ou eu", sentenciou.

O barraco deu um toque de vida real à história que, até então, estava perfeita demais. Foi comentado à exaustão na época.

Lembrou Nelson Rodrigues: "Tudo passa, menos a adúltera. Nos botecos e nos velórios, na esquina e nas farmácias, há sempre alguém falando nas senhoras que traem. O amor bem-sucedido não interessa a ninguém".

Os resgates foram acontecendo sem qualquer imprevisto ou tensão aparente, e, com isso, o Acampamento Esperança foi, aos poucos, se esvaziando. Os parentes dos mineiros que já haviam sido resgatados desarmavam suas barracas, mostravam solidariedade às outras famílias e finalmente voltavam para casa. Mas a família Ávalos, sempre contida, precisou continuar a vigília. Mesmo com Florencio tendo sido o primeiro resgatado, ainda faltava seu irmão, Renan Ávalos. Renan foi o vigésimo quinto a sair da mina: surgiu em terra firme às 18h24 e foi direto para os braços da namorada. Ficaram juntos, se olharam, riram, se abraçaram, riram um pouco mais. Num primeiro momento, os integrantes da equipe de resgate, respeitosos, ficaram em silêncio, só acompanhando o casal enamorado. Mas não se aguentaram.

"Beija! Beija! Beija!", pediu o bando de marmanjos.

Entramos ao vivo no *Em Cima da Hora – Edição das 18h* logo depois do beijo apaixonado. Mostramos o fim de tarde apoteótico no Acampamento Esperança e falamos sobre o sucesso dos resgates. A Globo News já transmitia a história chilena havia 24 horas.

Outros resgates vieram e, quando tudo parecia estar se repetindo — sempre com a mesma alegria e encantamento —, o ex-jogador de futebol Franklin Lobos saiu da mina às 19h18.

Ainda estava claro no Atacama. Lobos ainda se acostumava com a luminosidade quando recebeu uma bola para fazer embaixadinhas. Poderia ter dado um bico e isolado o brinquedo para o Salar de Uyuni, o deserto de sal boliviano que fica ali ao lado, mas — com espírito esportivo — deu dois ou três pontapés na bola e a deixou cair. O mineiro, segundo os especialistas, nunca fora um craque daqueles que você escolhe para o seu time na pelada quando ganha o par ou ímpar. Mas era muito querido. E deve ter contado boas histórias do tempo de jogador.

Quando faltavam seis resgates e as atenções já começavam a se voltar para a família de Luis Urzúa, o último trabalhador a sair da mina, fui dar uma volta pelo acampamento. O fim de festa mais animado dos últimos tempos acontecia debaixo de um frio tão congelante quanto o da noite anterior. Fogueiras foram acesas em uma ou outra barraca e deixaram o ambiente minimamente acolhedor. Dois meninos magrelos aproveitavam a distração dos policiais e ciscavam pela rua, jogando um futebol sem bola. O mais baixinho, habilidoso, jurava ser o Franklin Lobos. Chutou o vento e gritou: "Gooooool! Franklin Loboooos!". O outro moleque tentava dizer que tinha agarrado o pênalti, mas não era ouvido. Até que dois policiais se aproximaram, jogaram uma bola na direção das crianças e começaram uma partida que resumia o sentimento que tomava conta do Atacama naquele início de noite.

Com cara de ressaca, jornalistas do mundo inteiro se aglomeravam em volta da barraca da família de Luis Urzúa. O chefe do grupo, o homem que foi a base emocional da equipe durante os 69 dias de confinamento, emergiu às 21h55 e provou que milagres dependem da vontade humana. O Acampamento Esperança veio abaixo pela última vez. A sirene disparou, e a festa da família Urzúa, perto do telão, teve direito a champanhe e papel picado.

Ainda faltavam os socorristas que, lá dentro da mina, exibiam orgulhosos o cartaz de "missão cumprida".

Enquanto o primeiro deles voltava à superfície, fizemos nossa entrada ao vivo no *Jornal das Dez*. Em cima de uma plataforma, de frente para a câmera e com o acampamento em festa atrás de mim, a emoção era a maior informação. Conversei com o apresentador André Trigueiro durante dez minutos. Falamos da choradeira, do futuro do acampamento, da saúde dos mineiros. Quando nosso tempo já estava acabando, o agradecimento de André me deu a certeza de dever cumprido. Respirei fundo e cumprimentei o parceiro Julinho depois da longa jornada de trabalho.

A maratona de milagres acabou pouco antes da uma da manhã de quinta-feira, 14 de outubro, depois que o socorrista Manuel Gonzalez — primeiro a entrar e último a sair — foi abraçado pelo presidente Piñera ao deixar a cápsula.

Os 33 mineiros passaram a noite no hospital com suas famílias, contando histórias e celebrando a vida.

"Estamos bien en la superfície los 33", podiam dizer os novos heróis chilenos.

Julinho, Rodrigo Lopes, Alvaro Andrade e eu saímos do acampamento naquela noite histórica decididos a beber *pisco sour* — drinque popular no Chile e no Peru feito à base de aguardente destilada — e a comer bem. Necessariamente nessa ordem. Fomos para Caldera e logo encontramos um restaurante de fachada convidativa, à beira-mar, que parecia aberto. O gerente avisou que já tinha fechado, mas acabou nos deixando entrar. Lá dentro, na mesa central do restaurante, o ministro da mineração Laurence Golborne e toda a cúpula do resgate — devidamente encasacada de vermelho — brindavam ao sucesso do resgate. Queríamos, de verdade, esquecer um pouco o trabalho, mas foi inevitável pegar a câmera e o microfone. O ministro parecia já se preparar para ir embora. E foi. Larguei o *pisco* na mesa e conversei com Golborne fora do restaurante. Educado e naturalmente nas nuvens, o ministro foi simpático, falou rapidamente sobre o resgate, mas preferiu não gravar. Agradeceu pela compreensão e foi andando sozinho para o hotel onde estava. O amigo que o acompanhava fazia parte da comissão de mineração do senado chileno. Topou gravar e, ali mesmo, em frente ao restaurante, estufado depois do jantar, nos deu uma ótima entrevista falando sobre temas indigestos como fiscalização de minas de pequeno e médio portes, mortes recentes de mineiros da região do Atacama e picuinhas políticas que emperram o setor. A entrevista abriu o programa *Sem Fronteiras* que foi ao ar no dia seguinte.

    Voltamos para o restaurante, tomamos mais três, quatro ou cinco *piscos* e fomos para a casa. Redescobri o banho e a cama e fui dormir sob os efeitos das maravilhosas cenas que o Chile e o mundo nunca esquecerão.

Trinta e três

Não acredito em numerologia. Até tenho manias estranhas com os números três e sete, mas nada que signifique sorte ou azar. É só simpatia.

Respeito o leitor que porventura se dedica com afinco aos estudos numerológicos e enxerga em alguns algarismos uma forte energia que guie sua vida. Para mim, coincidências numéricas ficam apenas no campo da coincidência. Basta ter paciência para encontrá-las, ou, em alguns casos, dá até para produzi-las. Mas isso, claro, não me impede de escrever aqui sobre o cabalístico número 33.

Não chegaram a 33, mas foram muitas as coincidências envolvendo o número de mineiros presos na mina San José. "O 33 aparece em tudo, tudo coincide, é um milagre", disse, na época do resgate, María Segovia, irmã do mineiro Darío Segovia.

Vamos lá.

Trinta e três foi o número de dias que a máquina T-130 levou para perfurar a terra e chegar ao encontro dos mineiros. O duto tinha 66 centímetros de diâmetro. Dividido por dois...

Trinta e três também é o resultado da soma dos números da data do resgate: 13/10/10. Considerar 13/10/2010 estraga a brincadeira.

Trinta e três é o número de caracteres, contando os espaços, da frase escrita pelos mineiros na carta lida pelo presidente Sebastián Piñera dezessete dias depois do acidente: "Estamos bien en el refugio los 33".

Trinta e três era o número oficial de mineiros que, até o dia do desmoronamento na mina San José, haviam morrido no Chile em 2010.

Trinta e três minutos era o tempo que a ambulância levava da mina San José até o Hospital de Copiapó. E quem me garante que o motorista, marqueteiro, não pisava no freio ou acelerava um pouco mais só para alimentar a brincadeira? A propósito, alguém realmente cronometrou aquilo?

Os mais católicos insistiam. Lembravam da idade de Cristo.

Foi tanta coincidência que, durante a cobertura, um jornalista brincava perguntando qual seria a reação de um mineiro que, ao ser levado para o hospital para fazer exames de rotina, ouvisse do médico: "Diga 33". Provavelmente, surtaria.

Trinta e três foi o número mais apostado nas casas lotéricas da Espanha na semana seguinte ao resgate. Alguns ganharam uma grana.

O que isso tudo quer dizer? Para mim, nada. Assim como o número de linhas deste capítulo.

Nos corredores do hospital

A quinta-feira, 14 de outubro, começou com as atenções voltadas para o Hospital Regional de Copiapó.

A parte da manhã foi dedicada à geração de imagens e entrevistas para o *Sem Fronteiras*, programa especial que teríamos que levar ao ar naquela noite. Julinho fez a pré-edição das melhores imagens que mandaríamos para o Brasil, e eu fiquei em contato com a editora Renée Castelo Branco para fechar o roteiro do programa e combinar os horários de geração.

Não tínhamos acesso à internet na casa que alugamos. Decidimos contar com a boa vontade dos funcionários do hotel em Copiapó onde havíamos nos hospedado por dois dias. O gerente, chileno gente boa, permitiu que usássemos a conexão do hotel pelo tempo que quiséssemos. Tudo foi feito na mais perfeita correria, e, no início da tarde, a edição do programa estava sendo finalizada no Rio de Janeiro.

Precisávamos, enfim, pensar na pauta da reportagem do *Jornal das Dez*, a última da nossa cobertura. Poderíamos apostar em duas: no desmanche do Acampamento Esperança ou em um tradicional plantão na porta do hospital para registrar a saída do primeiro mineiro que recebesse alta — caso isso acontecesse mesmo naquele dia. Por mim, sem dúvida, faríamos a primeira pauta. Acompanhar a xepa no acampamento — quem ficou? cadê a Fênix? não esqueceram ninguém na mina? — poderia, em tese, render algo mais interessante do que um empurra-empurra na porta do hospital. Além do mais, receberíamos das agências internacionais as imagens do tumulto e da eventual saída de um mineiro.

O problema é que já era tarde, quase 15h. Talvez não desse para viajar quarenta minutos até a mina, gravar, voltar, gerar e editar a tempo de a matéria ir ao ar no início do jornal. Ficou decidido que passaríamos a tarde no hospital.

O enxame de repórteres, cinegrafistas e fotógrafos que havia saído do acampamento estava por completo na porta da emergência. Algumas TVs negociaram com os moradores e alugaram casas que ficavam ali em frente para montar plataformas para as entradas ao vivo.

Qualquer ex-adoentado que deixava o hospital era cercado por toda a imprensa. Se não tinha cara de mineiro, voltava ao anonimato em segundos e ia para casa se recuperar sozinho; se parecesse um mineiro e ainda estivesse de óculos escuros, coitado, passava por uma sabatina até conseguir provar que não o era. Multiplique essa situação por dez, levando-se em conta o interesse da imprensa em descobrir quem era e quem não era parente de mineiro.

Os veículos de comunicação que estavam com mais de uma equipe no Chile se dividiram para cercar as duas entradas do hospital. Foi o que combinamos: Globo News — Julinho e eu — de um lado, e TV Globo — Lannoy e Emiliano — do outro. As imagens que porventura uma dupla conseguisse fazer poderiam ser usadas pela outra sem qualquer problema.

As horas se passaram, o número de jornalistas dobrou, e a polícia, com isso, precisou colocar ordem. Um cordão de isolamento foi criado, e a imprensa teve que se afastar da entrada da emergência. Na confusão, eu e mais alguns jornalistas — devidamente credenciados — continuamos ali na porta sem ser repreendidos.

Um pouco por necessidade fisiológica e muito por estratégia, entrei no hospital para ir ao banheiro.

Na volta, decidi ficar na recepção para saber quem eram as pessoas que estavam na fila de espera.

"Sou vizinha do mineiro Franklin Lobos. Estou tentando falar com a filha dele, Carolina, desde cedo, mas não consigo. Vim saber notícias", me contou uma senhora.

A coisa ficou animada. Eu estava dentro do hospital dos mineiros — credenciado e sem ser incomodado — e poderia, quem sabe, conseguir algo interessante para a matéria do *Jornal das Dez*. Julinho havia ficado lá fora. Tentei falar com ele, mas não consegui.

Meu celular filmava com uma boa qualidade e estava com a bateria cheia. Seria o único jeito de registrar o que acontecesse lá dentro. Decidi continuar. Nesse meio-tempo, fiz minha última entrada ao vivo por telefone em sete dias de cobertura. Foi a ligação derradeira para a minha conta, no mês seguinte, fechar em assustadores 5.300 reais.

Enquanto eu conversava com mais algumas pessoas na recepção do hospital — sempre me identificando como repórter e pedindo autorização para gravar —, vi que uma jornalista brasileira que eu havia conhecido do lado de fora do hospital também estava ali. Era Manuela Franceschini, então repórter da revista *Veja*. Olhamo-nos, meio cúmplices, e fomos direto ao assunto:

"Sabe em qual andar estão os mineiros?", perguntei.

Manuela fez uma ligação, descobriu e fomos direto para o segundo andar.

Andamos pelos corredores do hospital ligeiramente escaldados. Perdidos, conversávamos baixinho, tentando descobrir para qual lado deveríamos seguir. Pegamos elevador, subimos escadas, descemos escadas e, quando vimos, estávamos dentro da emergência. Gente entubada, gemendo, com a mão estendida no leito, era tudo o que eu não queria ver. Só fez aumentar a adrenalina.

Fugimos dali e decidimos pedir informação a um funcionário. As indicações foram úteis, mas nos perdemos de novo. Mais uma vez, pegamos elevador, subimos escadas, descemos escadas e, quando vimos, havíamos finalmente chegado à ala do hospital onde estavam apenas os parentes mais próximos dos mineiros.

Todos pressionavam a pobre mulher que ficava em frente à porta que dava acesso ao corredor principal do andar. Eram cerca de quarenta pessoas aglomeradas perto de uma escada estreita. Algumas estavam com o crachá que usaram no Acampamento Esperança. Falavam muito e não estranharam nossa presença. Comecei a filmar. A maioria era de mulheres e crianças. As famílias, já íntimas, tiravam fotos umas com as outras.

Depois de dez minutos de expectativa, quando eu já começava a achar que minha tarde de 007 não serviria de nada, três mineiros surgiram no corredor.

Estavam com um uniforme de paciente de hospital, cinza, que parecia um pijama.

O primeiro a aparecer foi Juan Illanes. Andando devagar, curtiu o assédio no corredor com simplicidade e simpatia. Não parou de sorrir, cumprimentou todo mundo e foi agarrado por gente que só queria encostar nele. Alguns, eu acho, chegaram a beliscá-lo. Quando Illanes passou por mim, chamei-o, apertei sua mão e disse a primeira coisa que me veio à cabeça:

"Você está bem?", perguntei, como se fosse um velho amigo com saudade.

"Bem... muito bem!", respondeu o mineiro, sorrindo e olhando para o celular.

A resposta de Illanes pode ter parecido sem graça, óbvia. Eu não esperava que ele me convidasse para um botequim, pagasse algumas *cervezas* e me contasse as melhores e piores histórias da mina. O que importa é que senti uma sinceridade de criança nas palavras e no olhar do mineiro bigodudo. Principalmente na segunda parte, a do "muito bem!".

Um minuto depois — tempo suficiente para eu ter pensado em uma pergunta mais criativa —, Claudio Yáñez passou ao meu lado. Não tive dúvidas. Cumprimentei o mineiro-herói, enchi o peito de ar e mandei:

"Você está bem, Claudio?"

Com Claudio, a pergunta até que fazia mais sentido. Ele parecia meio zonzo. Olhava para o chão e ainda estava com os óculos escuros especiais. O mineiro balançou a cabeça em sinal de positivo, levantou o polegar direito e disse: "Graças a Deus, sim, meu amigo!".

Foi bonito.

O terceiro mineiro escorregou por algum canto secreto e foi embora sem me dizer se estava bem ou não.

Quando o tumulto acabou, me senti duplamente aliviado. Primeiro porque Juan Illanes e Claudio Yáñez estavam bem. Eu vi. E segundo porque meu celular estava com um bom material para a matéria do *Jornal das Dez*.

Manuela também estava satisfeita com o resultado.

Decidimos, por fim, dar mais uma volta pelo hospital. Foi quando meninas histéricas começaram a gritar no corredor e a correr atrás de um homem que, de longe, parecia o cantor Fábio Jr.

Cheguei a pensar que pudesse ser algum *popstar* chileno perdido no hospital, mas era o senhor ministro da Mineração, Laurence Golborne. O ministro colhia os frutos do sucesso do resgate: era agarrado por mulheres e reverenciado por doutores. Mal conseguia andar. Ouviu gritinhos de "lindo", quase teve o casaco rasgado e parou para tirar fotos. Gravei tudo e tive a certeza de estar diante de uma nova força política do país. O resgate transformou um dos ministros menos conhecidos do governo Piñera em um fenômeno de popularidade.

Depois de ter atendido os fãs com paciência de político, Golborne ouviu o coro que deve guardar na cabeça até hoje.

"Presidente! Presidente! Presidente!", gritavam parentes de mineiros e funcionários do hospital.

Minha matéria estava pronta.

Saí do hospital e reencontrei o companheiro Julinho, que vibrou com a saga e sugeriu um churrasco chileno para comemorarmos o fim da cobertura.

Mineiros do mundo

A história dos 33 mineiros do Atacama foi o maior espetáculo midiático desde os atentados de 11 de setembro de 2001. Transmissão ao vivo, *full time*, para nada menos que 28 países. A estimativa de audiência é assustadora: cerca de um bilhão de pessoas acompanharam o resgate. Os números superaram, por exemplo, os da Copa do Mundo da África do Sul, três meses antes, quando cerca de 800 milhões de pessoas viram a competição pela TV.

Só nos Estados Unidos, 10,6 milhões de telespectadores assistiram aos canais CNN, MSNBC e Fox News durante as 22 horas de resgate. Outros 5 milhões acompanharam a transmissão pelo canal aberto ABC.

Numa lucrativa coincidência, uma TV a cabo americana anunciou — no dia do resgate chileno — o início das filmagens de um novo *reality show*: *Carvão*, que falaria sobre a vida de um grupo de mineiros americanos. Os produtores juraram que a série já estava sendo planejada havia meses. E souberam, claro, aproveitar bem o momento.

Na Argentina, os canais a cabo interromperam a transmissão de uma votação decisiva no Congresso — que poderia aprovar um projeto de lei que provocaria um aumento substancial das aposentadorias — para mostrar o drama chileno. A audiência disparou.

A Europa também se deixou fascinar e parou para ver o milagre latino. Na Inglaterra, o aniversário de 85 anos de Margareth Thatcher coincidiu com o dia do resgate. Quase ninguém deu parabéns ao maior ícone político do país. A cobertura ao vivo da rede BBC, ininterrupta tal qual a da Globo News, rendeu a terceira maior audiência da história do canal, com 6,8 milhões de telespectadores. O investimento pesado — equivalente a R$ 400 mil — rendeu críticas à emissora pública, que, para reequilibrar o caixa e acalmar o povo, teve que reduzir o orçamento da cobertura da COP-16, a cúpula do clima realizada no mês seguinte ao resgate, em Cancún.

As redes sociais bombaram. Os americanos foram os que mais citaram o Chile no Facebook, uma média de 1.200 comentários por minuto. Os que queriam mostrar conhecimento lembravam a ditadura de Pinochet e o avanço econômico pós-democratização. Outros, alienados assumidos, vibravam por terem conhecido algo daquele que, para eles, era apenas um país em formato de linguiça.

No Twitter, 105 milhões de internautas falaram sobre o resgate em 140 caracteres. Do quase aposentado atacante Ronaldo ao verdadeiro fenômeno do momento, Justin Bieber. Entre os tópicos mais comentados estavam "chilean miner" (mineiros chilenos), "miners rescue" (resgate dos mineiros) e "capsule" (cápsula Fênix).

Tamanha repercussão fez a popularidade do presidente chileno Sebastián Piñera subir de 46% para 63% (meses depois, em julho de 2011, uma convulsão social no país — com uma sequência de protestos estudantis, greves e manifestações — fez a popularidade de Piñera despencar para 31%, menor até que a do ditador Pinochet).

O crescimento do ministro da Mineração Laurence Golborne no cenário político do país se traduziu em números logo depois do resgate. Na época, uma pesquisa feita por uma consultoria revelou que 87% dos chilenos avaliaram o trabalho de Golborne como positivo durante a operação — índice que ultrapassou o do presidente Piñera, que teve 76% de aprovação. Essa mesma pesquisa mostrou que Golborne havia se tornado o terceiro político mais bem avaliado da história do Chile, atrás do ministro da Educação, Joaquín Lavín, e da ex-presidente Michelle Bachelet. Meses antes do resgate, a mesma consultoria havia feito uma pesquisa que revelava que, no início do governo Piñera, só 2% dos chilenos sabiam quem era Golborne, cujo nome era tido como "difícil de pronunciar". Caiu na boca do povo e virou um potencial candidato à presidência.

O resgate que salvou 33 vidas e mexeu no tabuleiro político do Chile custou cerca de 20 milhões de dólares.

Tão logo o último mineiro recebeu alta do hospital, ainda no fim de semana seguinte ao resgate, o mercado publicitário foi em cima dos novos xodós mundiais.

Sinônimo de resistência e virilidade, o grupo foi convidado a estrelar a campanha de uma pílula que melhora o desempenho sexual de pobres mortais.

Os 33 homens que provaram a Saddam Hussein que sair do buraco nem sempre é ruim ganharam incontáveis mimos: cheques de 10 mil dólares de um magnata chileno, convites para assistir a jogos do Real Madrid e do Manchester United na Europa, iPods enviados por Steve Jobs, passagens para curtir um cruzeiro pelas ilhas do Mediterrâneo.

Antes pacatos cidadãos de Copiapó, os mineiros correram para tirar passaporte e, se quisessem, poderiam ter dado a volta ao mundo sem tirar um peso chileno do bolso. Sempre "a convite" de alguém, conheceram meio mundo. Nos Estados Unidos, foram homenageados na Disney World. Na China, foram as estrelas de uma feira de máquinas em Xangai. Em Israel, fizeram uma visita de oito dias a lugares sagrados e foram batizados nas águas do rio Jordão. Na Espanha, deram uma passada em Madri para gravar um programa de TV.

Como era de esperar, viraram celebridades.

Como era de esperar, o bom momento durou pouco.

Dois meses depois do resgate, pipocou a manchete: *Mineiro boliviano que ficou preso no Chile está pobre e esquecido*. Carlos Mamani alegou que não deu tantas entrevistas quanto os companheiros e, por isso, foi deixado de lado. Perguntado sobre a oferta de emprego feita pelo presidente Evo Morales, limitou-se a dizer: "Não quero comentar o que aconteceu com esse trabalho". Mamani vivia em Copiapó com uma ajuda de custo equivalente a oitocentos reais.

Enquanto isso, notícias sobre acidentes em minas de outros países ganhavam destaque na imprensa mundial. Um mês depois do resgate chileno, duas explosões de gás metano mataram 29 mineiros que haviam ficado presos na jazida de Pike River, na Nova Zelândia. Em 28 de abril de 2011, uma explosão em uma mina de carvão na região de Coahuila, na fronteira do México com os Estados Unidos, fez o governo mexicano pedir ajuda ao Chile para resgatá-los. Os corpos dos catorze mineiros acabaram sendo encontrados na semana seguinte ao acidente.

Em julho de 2011, mês em que Hollywood anunciou que o resgate viraria filme, 31 dos 33 mineiros chilenos entraram com uma ação contra o Estado por negligência. O grupo acusava o

Serviço Nacional de Geologia e Minas de não ter inspecionado com a devida regularidade as condições de trabalho e de segurança na mina San José. O advogado dos mineiros exigia uma indenização de 540 mil dólares para cada operário.

No mesmo mês, 14 dos 33 mineiros pediram aposentadoria antecipada ao governo. Alegaram consequências físicas e principalmente psicológicas. Boa parte deles sofreu — e ainda sofre — de estresse pós-traumático. Um deles, Edison Peña, chegou a ser internado depois de uma crise de ansiedade considerada grave.

Entrevista com o mineiro Edison Peña

Quando eu decidi que voltaria à Copiapó e ao antigo Acampamento Esperança durante as minhas férias, em novembro de 2010, levei os contatos de cinco mineiros: Edison Peña, Mario Gómez, Darío Segovia, Carlos Mamani e Franklin Lobos.

Tentei, nessa ordem, falar com cada um.

Primeiro atendeu a mulher de Edison Peña. Perguntei pelo marido, e ela, sem querer saber quem eu era, passou o telefone para ele. Fiquei nervoso feito um menino de quinze anos que está prestes a chamar a menininha de catorze para ir ao cinema: "Alô, Edison?".

Comecei com sorte. Edison Peña foi atencioso e topou falar. Mas havia acabado de se mudar com a família para a capital Santiago e não fazia ideia de quando voltaria a Copiapó. No meu roteiro de viagem, Santiago seria a próxima e última parada. Eu chegaria à capital chilena na noite seguinte. Combinei, então, de entrar em contato quando estivesse por lá.

Segunda tentativa: Mario Gómez. Ninguém atendeu. Liguei outras três vezes, e, na última, a mensagem dizia que o celular estava desligado.

Terceira tentativa: Darío Segovia. A irmã atendeu e se irritou quando perguntei pelo mineiro. Falando numa rapidez supersônica que aproximava o espanhol do mandarim, ela disse que houve uma "séria briga de família" depois do resgate e que, desde então, não tinha mais contato com o "irmão famoso". Desligou o telefone sem se despedir.

Quarta tentativa: Carlos Mamani. A mulher do boliviano — Verónica, a maquiada — disse que ele não estava em casa e me passou o contato do — quem diria — agente do mineiro. Seu nome era Johnny. Liguei para o cara: "Alô, Johnny?".

Johnny tinha nome de agente, voz de agente, falava coisas de agente, gargalhava igual a um agente e, na lata, mandou: "Carlos Mamani não fala por menos de três mil dólares".

Desliguei o telefone sem me despedir.

Liguei de novo. Expliquei que era um repórter em início de carreira, que aquela havia sido minha primeira cobertura internacional e que meu primeiro livro estava por vir.

"Quer pagar quanto?", perguntou Johnny.

De novo, expliquei que era um repórter em início de carreira, que aquela havia sido minha primeira cobertura internacional e que meu primeiro livro estava por vir.

"Preciso de um valor para passar para ele", continuou o agente.

Contrariando o manual jornalítisco de insistir por mais três ou quatro vezes, desisti na segunda. A história do agente Johnny já estava boa o suficiente para ser contada aqui.

Quinta e última tentativa: Franklin Lobos, o ex-jogador da seleção chilena. Eu estava com o contato da filha dele, Carolina. Ela atendeu e, muito simpática, disse que o pai estava em Assunção, no Paraguai, onde receberia, naquela noite, uma homenagem da Confederação Sul-Americana de Futebol (Conmebol) durante o sorteio dos grupos da Copa Libertadores.

Balanço animador das ligações: a incerteza de uma entrevista em Santiago.

Dois dias depois, já na capital chilena, liguei para Edison Peña, e, mais uma vez, foi a mulher dele quem atendeu. Disse que o marido não havia passado muito bem na noite anterior. Tinha se entupido de remédio e ainda estava dormindo. Era tudo o que eu queria ouvir. Fiquei de ligar durante o dia.

No meio da tarde, passeando pelo bairro de Bellavista, entrei na cabine telefônica de uma farmácia e liguei de novo.

Edison Peña atendeu, disse que estava com a família em um shopping no centro e perguntou se eu conseguiria chegar lá em vinte minutos. Quinze minutos depois, já em frente ao shopping, liguei uma, duas, três, sete vezes para o mineiro — e nada. Cheguei ao ponto de abrir uma foto dele no celular e ficar olhando para a cara de todo mundo que passava.

Decidi relaxar e ligar pela última vez: "Alô, Edison?".

O mineiro que ficara conhecido por ser fã de Elvis Presley e correr dez quilômetros todos os dias na mina San José atendeu e disse que já estava a três quadras do shopping, indo embora. Perguntei se poderia me esperar, e ele, rindo, me passou um endereço e disse que estaria por lá.

Cheguei ao lugar marcado. Mesmo se eu não estivesse com a foto do mineiro em mãos, seria fácil identificá-lo. Edison Peña estava com os óculos escuros que os mineiros usaram no dia do resgate, vestia uma camisa do ídolo Elvis e tirava foto com um grupo de turistas. Cheguei perto e me apresentei à mulher dele, Angélica, que estava ao lado da filhinha de três anos e do cunhado.

A seguir, a íntegra do papo de onze minutos que tive com Edison Peña pelas ruas do centro de Santiago, em 28 de novembro de 2010.

Rodrigo: Finalmente, Edison...
Edison: Finalmente! Como estão as coisas?
R: Tudo bem. Eu é que quero saber de você. Voltei à mina San José na última semana, Edison. Fui até Copiapó e depois passei uma tarde lá onde era o Acampamento Esperança.
E: Sério? Como está aquele lugar?
R: Está incrível. Tirei fotos, já te mostro. As pedras com os recados das famílias para vocês, mineiros, ainda estão lá.
E: Uau... As bandeiras também?
R: As bandeiras, não. Dê uma olhada.
Nesse momento, mostro quatro ou cinco fotos do local para o mineiro. Edison vai até a família, mostra as fotos à mulher e à filha e finalmente passa a ser o entrevistado.
E: Mas o que você quer exatamente de mim? Uma entrevista?
R: É... Mas nada formal.
E: Sim, sim... claro.
R: Por que vocês se mudaram de Copiapó aqui para Santiago?
E: Ah, porque aqui estão todas as coisas que tenho que fazer. Na semana que vem, por exemplo, vou participar do Teletón (programa de TV beneficente transmitido para todo o país). Tenho que estar aqui perto.
R: Mas já estão morando aqui?
E: Aluguei um apartamento para passar uns dias até conseguir comprar alguma coisa. Tudo está aqui: o Ministério do Exterior, os lugares para eu tirar meu passaporte... tudo.
R: Vai viajar muito agora...
E: Pois é, por isso não tenho como ficar longe de Santiago.
R: E o que prefere? A pacata Copiapó ou essa agitação da capital?

E: Nova York! (Risos.)

No início daquele mês, Edison Peña havia ido pela primeira vez para o exterior. Viajou para Nova York para participar de uma maratona. Edison conseguiu completar a prova de 42 quilômetros. Dias depois, ainda nos Estados Unidos, deu show ao ser entrevistado no tradicional e superpopular programa de TV apresentado por David Letterman.

R: Nada mal... Como foi lá?

E: As pessoas foram muito *calientes* comigo, me receberam muito bem. Sempre me davam força para seguir adiante. Foi muito emocionante. Aquela gente é demais.

R: Já chegou a conhecer outros países?

E: Por enquanto só os Estados Unidos. Mas estou prestes a ir à Itália e à Alemanha. Vou começar a dar palestras por aí. Palestras de verdade. Porque eu fui o verdadeiro motivador dentro daquela mina.

R: Por que diz isso?

E: Houve muitos momentos em que todos ficaram só esperando pelo resgate. Deitados, só esperando. Eu perguntava: "O que mais podemos fazer, pessoal?". Um dia, revoltado, comecei a gritar: "Vocês são todos frouxos!". Eu fui o grande motivador. Essa é a verdade. Eu fui o grande motivador!

R: E você corria mesmo na mina, Edison? Todos os dias?

E: Quase todos os dias...

R: Dez quilômetros?

E: Mais ou menos. *Maybe.*

A partir desse momento — sabe-se lá por quê —, Edison Peña começou a usar sinônimos, em inglês, para algumas palavras.

R: E havia espaço suficiente no refúgio para correr tudo isso?

E: Sim, sim... Era assim (*gesticula, mostrando que fazia um curto trajeto repetidas vezes*): subia, descia, subia, descia, subia, descia. Eu chorava enquanto corria. Tudo estava fechado, e eu, de verdade, sentia muito medo. Não parava de pensar na minha família. Corria e chorava. Passei muito tempo sem ter a certeza de que sairia. Os primeiros dezessete dias foram terríveis. O relacionamento, a fome, tudo. Só a gente sabe e só a gente vai saber como foi. Houve um momento em que passei a querer conviver com a minha morte. Parecia que eu estava morrendo aos poucos. Aprendi a conviver com a minha morte. E é muito duro voltar da morte. Acredite nisso: é muito duro. Eu falava para mim o tempo inteiro: "Fique vivo". E fiquei.

R: Como foi a sua crise de ansiedade no início deste mês?

E: Foi só um susto. Prefiro não falar sobre isso. As pessoas podem achar que estou mal. Passou.

R: Você mantém contato com algum mineiro do grupo? Ficou amigo de alguém?

E: De ninguém. Ninguém. Nenhum.

R: Falo do tempo em que ficou preso na mina.

E: Ah, sim. Lá dentro, sim. De José Henríquez [guia espiritual do grupo].

R: Hoje você não tem contato com mais ninguém?

E: Não, não... Cada um foi para o seu lado. Houve um êxodo, estão todos longe, separados. Cada um foi para casa. E eu quero estar só com a minha família e com os meus amigos. Sou mais humano e amoroso agora.

Um homem que passava pela rua com o filho reconheceu o mineiro e pediu para tirar uma foto. Edison topou e deixou o menino colocar os óculos escuros.

R: Você comentou, Edison, que vai conhecer a Itália e a Alemanha. Pretende ir ao Brasil?

E: Vocês têm que me convidar! (Risos.) Mas para o Brasil eu quero ir sozinho.

Edison olhou para a mulher e começou a rir alto. Ela, não.

E: A Copa do Mundo é uma boa oportunidade, mas ainda falta muito. Quero ir logo. Conhecer Copacabana, as mulheres, aquelas bundas.

Edison gargalhou e me perguntou, baixinho, se a fama das brasileiras procedia. Garanti a ele que sim. A mulher de Edison decidiu relaxar e riu do marido. O assunto "bunda" rendeu mais alguns minutos de risadas. Até que a conversa voltou para o eixo.

R: O que falta à mineração chilena, Edison?

E: Fiscalização firme. Tudo acontece da forma errada. São milhares de minas e pouquíssima fiscalização. É como água escorrendo entre os dedos. Algumas companhias, mesmo as ricas, pulam as etapas de fiscalização. Precisamos saber como fazer isso acabar. Acidentes vão continuar acontecendo, e muita gente ainda vai morrer.

R: Você trabalharia em uma mina novamente?

E: Sim. Já estou conseguindo um trabalho com um amigo. Sou do tipo durão. Preciso ganhar dinheiro. Tenho que continuar trabalhando.

Mais um homem reconheceu o mineiro e pediu para tirar foto.

R: Já é o segundo que te pede uma foto. Está gostando dessa fase?

E: Olha... Eu estou amando isso.

R: São pessoas que torceram muito por vocês...

E: E que choraram também.

Edison se emocionou e pegou a filha no colo.

E: Eu estou amando tudo isso, de verdade. É um carinho que me motiva a seguir em frente. Depois de tudo o que sofremos, eu só tenho que agradecer a essas pessoas.

Edison ainda chorava e pediu desculpas.

R: Uma curiosidade minha: você já chegou a sonhar que ainda estava preso na mina?

E: Graças a Deus, não. Mas a todo instante penso naquilo tudo que vivi. Lembro da solidão, das minhas corridas, das minhas aflições e das músicas que cantei.
R: Qual música você cantava lá dentro?
E: Devo ter cantado todas do Elvis. Deu tempo para isso.

Ainda emocionado, mas já voltando a sorrir, o mineiro começou a cantar a música "The wonder of you", de Elvis, com voz de Elvis. Em seguida, me abraçou e disse que precisava ir embora. Agradeci e pedi uma foto para o livro.

Edison pediu para um fã bater a foto, me desejou boa sorte e foi embora com a família pelas ruas de Santiago.

Pouco mais de um mês depois da entrevista, Edison Peña foi convidado para ir a Graceland, mansão de Elvis em Memphis, no Sul dos Estados Unidos. Foi tratado como uma estrela do rock: ganhou passagens aéreas para duas pessoas e hospedagem em um hotel de luxo. Em 8 de janeiro de 2011, no dia em que Elvis completaria 76 anos, Edison Peña se viu cantando a mesma "The wonder of you" para uma plateia de cem pessoas que veio abaixo com a voz, a animação e a simplicidade do mineiro.

Eu, acompanhando tudo de longe, pela internet, retomava a rotina de trabalho no Rio de Janeiro. Vieram outras coberturas. A chuva na região serrana do Estado, maior tragédia natural da história do nosso país, e o massacre em uma escola municipal de Realengo, na zona oeste, quando um psicopata matou doze crianças e depois se suicidou, me fizeram ter a certeza de que a história chilena havia me proporcionado algo que dificilmente terei pela frente: a rara chance de dar boas notícias.

Agradecimentos

Aos amigos e à família, minha eterna gratidão pelo carinho e pensamento positivo de sempre. Aos colegas de TV Globo, meu muito obrigado pelo apoio e opiniões relevantes. Ao leitor, um grande abraço e meu agradecimento por me permitir compartilhar esta história com você.

Até a próxima!

Este livro, composto na fonte Fairfield
e paginado por Vanessa Sayuri Sawada,
foi impresso em pólen bold 90g na Bartira Gráfica.
São Paulo, Brasil, outubro de 2011.